SUPERFOOD
Batidos de
SMOOTHIES
Superalimentos

JULIE MORRIS

SUPERFOOD
Batidos de
SMOOTHIES
Superalimentos

editorial Sirio

Si este libro le ha interesado y desea que lo mantengamos
informado de nuestras publicaciones, puede escribirnos a
comunicacion@editorialsirio.com,
o bien suscribirse a nuestro boletín de novedades en:
www.editorialsirio.com

Traducido del inglés por Elsa Gómez Berástegui

Publicado inicialmente en Estados Unidos en el año 2013 por Sterling Publishing Co., Inc. con el
título *Superfood Smoothies*.

La presente edición en español se ha contratado por intermediación de Ute Körner Literary Agent
S.L.U, Barcelona - www.uklitag.com

©   del texto
      2013 Julie Morris

©   de las fotografías
      2013 Julie Morris

©   de la presente edición
      EDITORIAL SIRIO, S.A.

EDITORIAL SIRIO, S.A.	NIRVANA LIBROS S.A. DE C.V.	DISTRIBUCIONES DEL FUTURO
C/ Rosa de los Vientos, 64	Camino a Minas, 501	Paseo Colón 221, piso 6
Pol. Ind. El Viso	Bodega nº 8,	C1063ACC
29006-Málaga	Col. Lomas de Becerra	Buenos Aires
España	Del.: Alvaro Obregón	(Argentina)
	México D.F., 01280	

www.editorialsirio.com
sirio@editorialsirio.com

I.S.B.N.: 978-84-16579-34-1
Depósito Legal: MA-470-2016

Impreso en Imagraf Impresores, S. A.
c/ Nabucco, 14 D - Pol. Alameda
29006 - Málaga

Impreso en España

Puedes seguirnos en Facebook, Twitter, YouTube e Instagram.

Aún puedo recordar aquel día: era la séptima vuelta de una carrera de cinco kilómetros que consistía en un total de doce vueltas y media, y el grupo de corredores me había dejado muy por detrás. Ciertamente, este no era el debut que yo había esperado tener en las pruebas de atletismo del instituto.

Algo no funcionaba bien.

Durante mi entrenamiento había depositado toda mi confianza en una nueva dieta vegetariana que acababa de adoptar. Después de probar una amplia gama de dietas (bajas en proteínas y ricas en carbohidratos, ricas en proteínas y bajas en grasas, ricas en carbohidratos y bajas en grasa...), decidí alimentarme de una forma más simple y equilibrada, y comencé a eliminar todos los productos de origen animal, algo que deseaba hacer desde hacía muchos años. Me había convencido de que así llegaría a ser más competitivo pero, obviamente, no conseguí el resultado esperado. Pero ¿cuál era el motivo? ¿Por qué el hecho de haber optado por una dieta vegetariana me había provocado esa falta de energía?

Como descubriría más tarde, aquello se debió a que realmente no me había convertido en un vegetariano sino en un «almidonariano». Estaba llenándome de calorías carentes de nutrientes, subsistiendo casi exclusivamente a base de alimentos procesados ricos en almidón (pan blanco, pasta, productos cocidos) y consumiendo muy pocas hortalizas, proteínas, alimentos ricos en ácidos grasos esenciales y fruta. Me sentía satisfecho después de comer porque consumía una cantidad suficiente de calorías, pero no estaba ingiriendo los nutrientes necesarios. Como más tarde aprendí, comer no es sinónimo de nutrirse. De hecho, comprendí que un problema común de nuestra sociedad es que se consumen cantidades cada vez mayores de alimentos pero sin obtener la cantidad adecuada de nutrientes. Comer en exceso y, simultáneamente, no obtener los nutrientes esenciales se ha convertido en la paradoja de los últimos treinta años, y es ahora la nueva norma debido a los productos refinados incluidos mayoritariamente en gran parte de la alimentación en Norteamérica.

Más adelante llegaría a aprender que consumir un gran volumen de alimentos refinados sin obtener la nutrición adecuada es, pura y simplemente, un gasto de energía. Una vez que has gastado algo, ya no lo posees. Y ese fue precisamente el problema que tuve en la pista de atletismo: había consumido demasiada energía. Entonces, ¿cuál podría ser la solución? Aparte de tomar suplementos en cápsulas (que era una alternativa más «procesada»), ¿cuál podría ser la manera más sencilla de obtener los nutrientes de los que dependía mi rendimiento en la pista?

Por puro capricho, reuní la mayor colección de ingredientes integrales de origen vegetal y ricos en nutrientes que pude encontrar, añadí agua y los mezclé. Como puedes imaginar, el sabor no resultó muy bueno pero de todos modos tomaba uno de esos brebajes cada día después de mi entrenamiento. ¡Y funcionó! Al cabo de unas pocas semanas había vuelto a la normalidad. Dos semanas más tarde me sentía mejor de lo normal y mi rendimiento así lo reflejaba. Era capaz de entrenarme más intensamente, lo que pronto se tradujo en mejores resultados. El experimento con la batidora me había convencido: una buena nutrición podía ayudar a

que mi afición por correr triatlones se transformara en una carrera profesional. La fórmula de tomar batidos diariamente siguió evolucionando con el paso de los años hasta que, finalmente, llegó a convertirse en una versión comercial llamada Vega One. Con el apoyo nutricional de mis batidos diarios, mi carrera como atleta avanzó a un ritmo acelerado, y pasé de correr una maratón de dos horas y veintinueve minutos a ganar dos ultramaratones nacionales canadienses de cincuenta kilómetros. Después de ganar la segunda ultramaratón, mantuve la segunda mejor marca mundial al menos durante un año, y más adelante inicié mi carrera como triatleta *Ironman* profesional, lo que afianzó mi confianza en este programa de entrenamiento y nutrición.

Mis habilidades como atleta son normales, y en mi búsqueda para aumentar mis proezas físicas encontré varias técnicas de entrenamiento innovadoras que pueden ser de gran ayuda. No obstante, la nutrición es con diferencia lo que tiene el mayor impacto. Y ahí es donde intervienen los *batidos de superalimentos*. Y Julie no solamente crea batidos con ingredientes ricos en nutrientes, los superalimentos; también se preocupa de que sepan bien, realmente bien.

Como chef de cocina natural, Julie aplica sus habilidades culinarias con el propósito de que la función se una con el sabor. Tomemos, por ejemplo, el batido de naranja cremosa (es uno de mis favoritos): incluye ingredientes beneficiosos para la salud como las grasas esenciales, la vitamina E y agentes antiinflamatorios; y además, sabe a helado.

Preparar las recetas de Julie es una forma holística y deliciosa de alcanzar tu potencial total, ya sea como deportista o en cualquier otra área. Si hubiese conocido esto cuando estaba en el instituto, habría transitado por el camino correcto desde el principio.

BRENDAN BRAZIER

Esta historia comienza durante un verano en el que las pajitas para beber empezaron a tener un nuevo sentido para mí.

Era un típico día de julio en Los Ángeles: uno de esos días en que hace mucho calor y todo el mundo está irritado; un sol abrasador inundaba la ciudad con un brillo naranja. Yo era entonces una muchacha larguirucha de catorce años con una desafortunada tendencia a usar camisas holgadas que me sentaban muy mal. Mi agenda para el verano estaba confusamente planificada con el único y simple objetivo de llenar el tiempo, el lujo básico de la inconsciencia propia de los adolescentes. En medio de ese sofocante calor que suele caer sobre el valle de San Fernando, pasaba los largos días veranicgos nadando, hasta que conseguí «levantar el dedo» para hacer varios viajes (quizás demasiados) al centro comercial, y acabé descubriendo los batidos.

Acababa de inaugurarse una nueva cadena de locales de batidos y, a pesar de vivir en una ciudad llena de bares y cafeterías, la noticia de esta nueva iniciativa empresarial se propagó rápidamente por todas partes. En lo que ahora considero una llamada del destino, esta cadena (hoy en día bastante famosa y con miles de franquicias en todo el país) inauguró uno de sus primeros locales de batidos muy cerca de mi casa. Las opciones de la carta eran abrumadoramente tentadoras y siempre que acudía al local me resultaba muy difícil decidir qué iba a elegir. Me devanaba los sesos y me quedaba bizca mirando la larguísima lista de aquellas mágicas combinaciones batidas, afrutadas, cremosas y deliciosamente frescas. Todo eso mientras me moría de vergüenza por la irresistible atracción que sentía por los chicos que servían los batidos. No me parecía justo tener que decidir no solo si quería un batido de fresa, manzana, plátano, mango o cítricos (todos ellos sabían a gloria) sino también cuál de todos los empleados del local me gustaba más. Allí estaban el irresistible surfista bronceado, el chico con el anillo en la nariz que tenía aspecto de artista, o el Sr. Gorro Naranja con la firma hacia atrás, con los ojos más azules que había visto en mi vida. Haciendo gala de una falsa confianza y sintiéndome humillada por mis inevitables sonrojos, llevaba en la mano el dinero que me habían dado mis padres (a quienes había pedido encarecidamente que me esperaran en el coche mientras yo hacía el pedido) mientras trataba de decidirme: «A ver, no estoy segura, quizás el batido cremoso de cacahuetes, pero no recuerdo cómo se llama». Ese batido sabía igual que las galletas que solo tomaba en la casa de una amiga que tenía unos padres fantásticos (entendían que la comida basura era esencial para el desarrollo de los adolescentes). La palabra *sano* no entraba en mi vocabulario en aquel momento y los batidos eran una experiencia exclusivamente placentera.

Consumir el contenido de aquellos grandes recipientes de espuma de poliestireno (mis disculpas al medio ambiente, en aquella época no tenía conciencia ecológica) con una pajita —sin siquiera terminar de quitar la envoltura de papel— me producía una profunda satisfacción, algo que normalmente se experimenta con cosas más interesantes de la vida. Y esa satisfacción me duraba toda la tarde, sumida en una felicidad que me hacía olvidar momentáneamente a los chicos. Con el sonido final del último sorbo de batido, empezaba a pensar cuál elegiría la próxima vez.

Pero eso no me sucedía solamente a mí. Aquel verano, tomar batidos se convirtió en una actividad ideal para reunirse con los amigos que, finalmente, consiguió ganarle la partida al ritual familiar de ir a comprar helados de yogur. En algunas ocasiones, mi madre, mi padre y yo tomábamos batidos a la hora de la cena. Mi padre incluso llegó a hablar de mudarnos al norte y abrir su propio local de batidos.

Como puedes imaginar, cuando empecé a conocer los beneficios saludables de los batidos, inmediatamente pensé que ya dominaba el tema gracias a aquellos veranos en el valle, en los que me hidrataba con vasos enormes repletos de todo tipo de ingredientes. Pero pronto aprendí que aquellos brebajes podían ajustarse técnicamente a la definición de *batido*, pero no estaban a la altura de su potencial para mejorar la salud. Llegué a comprender que aunque los batidos que compraba en aquella época eran más sanos que el yogur helado (y que otros postres mucho menos nutritivos), en realidad incluían sorbetes y zumos de fruta, y solo una pequeña cantidad de fruta, es decir, una enorme cantidad de azúcar. ¡Qué oportunidad perdida con todas esas «calorías vacías»!

Como chef especializada en superalimentos, me di cuenta de que en los batidos no solo se podía prescindir de los componentes que no eran beneficiosos sin que eso afectara a su sabor, sino que también podían contener una mayor cantidad de nutrientes. Los mismos maravillosos superalimentos que me encantaba utilizar en mis recetas estaban a punto de saltar al interior de la batidora y ofrecerme sus beneficios en forma de batido. Y así fue como empezó todo... ¡Increíblemente fácil!

Cada vez que mostraba estas nuevas recetas de batidos a mis amigos, familiares y clientes, la respuesta era unánime: «Podría beber esto cada día». No creo necesario decir que conozco perfectamente esa sensación.

Los batidos de superalimentos nos dan energía. Si existe algún atajo para hacerse cargo de la propia salud, con toda seguridad es este. La maravillosa frescura de los ingredientes que mezclas en la batidora y el arco iris de beneficios que pronto formarán parte de tu estilo de vida son a la vez emocionantes y reconstituyentes. Intenta refrenar la sonrisa autocomplaciente que aparece en tu boca mientras creas una fantástica combinación de ingredientes en menos de un minuto. Presta atención al sonido promisorio que produce un batido al llenar un vaso. Resulta más divertido beberlo con una pajita —yo suelo elegir pajitas de vidrio reutilizables—. Paladea tu batido desde el primer sorbo y disfruta de la experiencia de tomar batidos de superalimentos —tu cuerpo ciertamente lo hará.

Saludos
Julie

PRIMERA PARTE

RESPLANDECIENTE GRACIAS A LOS BATIDOS

Hasta la fecha, nadie ha sucumbido todavía al cliché de preguntarme si mi vaso está medio lleno o medio vacío. Si alguien lo hace alguna vez mientras tengo la suerte de sostener en la mano un batido de superalimentos, le daré la respuesta perfecta: «Querido/a, este vaso está repleto».

BATIDOS: LA FORMA PERFECTA DE FUNCIONAR

Pocas clases de alimentos son más nutritivas que los batidos de superalimentos. Cuando miro una batidora vacía, veo un recipiente que puede ofrecer muchas oportunidades para mantener y mejorar la salud a la espera de que lo llenes con todos los productos beneficiosos que puedan caber en él. ¿Frutas? ¿Hortalizas? ¿Semillas? ¿Superalimentos? Sabores que encontramos en la naturaleza, solo que un poco mejor combinados.

Como cualquier persona que trabaja en el área de la gastronomía, he sufrido un número considerable de desastres en la cocina: hortalizas mal condimentadas, crepes que podrían haberse reutilizado como *frisbees*, *brownies* duros y pegados al molde de hornear que fueron a parar directamente al cubo de la basura tras muchos frenéticos y vanos intentos de despegarlos...

En cambio, los batidos son fáciles de arreglar. Podemos transformar un batido que no nos convence mucho en un batido perfecto si le añadimos simplemente un poco más de manzana, una cucharadita de ralladura de limón o incluso un poco de chocolate. Aunque una buena receta de batidos, como cualquier otra receta, es una obra de arte equilibrada y fugaz, los mejores batidos se preparan frecuentemente con un entusiasmo semejante al de Jackson Pollock, incluyendo en él todo lo que nos parece bien y celebrando la energía orgánica. En cuanto dispongas de una pequeña despensa de superalimentos y te familiarices con algunos conceptos básicos de los batidos, todo lo demás será coser y cantar.

Espero que este libro se transforme en una maravillosa inspiración para ti y seas capaz de aprovechar las cien magníficas recetas que encontrarás en estas páginas y las conviertas en mil brebajes asombrosos de tu propia creación. Esa es, en parte, la belleza de los batidos: puedes hacerlos «a medida», puedes modificarlos y personalizarlos incesantemente. El «mejor batido» de hoy puede ser un batido en el que mañana agregaremos algún ingrediente nuevo. Cuando los batidos se preparan con sabrosos alimentos naturales e integrales, nos ofrecen un arco iris de colores y sabores, y pueden ser unos postres de ensueño o las bebidas rejuvenecedoras más reconfortantes. No hay ninguno de tus sabores preferidos que no pueda formar parte de un batido.

Este libro lleva esa deliciosa diversidad un poco más allá, con la intención de que cada sorbo de batido te ofrezca la máxima nutrición gracias a los superalimentos. Estos, definidos como los alimentos más nutritivos y beneficiosos de todo el planeta, ofrecen montones de nutrientes por cada carga calórica que entra en tu organismo y constituyen una forma realmente eficaz de obtener óptimos beneficios para la salud de forma concentrada. Los superalimentos consiguen catapultar las irresistibles bases naturales que usamos en los batidos a paisajes muy ricos en nutrientes, y tienen tantas ventajas que lograrían que una píldora de vitaminas o cualquier suplemento alimenticio lloraran de envidia.

Pero por encima de todas estas virtudes, los batidos de superalimentos no pueden ser más fáciles de preparar. Solo necesitas unos minutos. ¿Cuándo fue la última vez que preparaste tan rápidamente una comida o un aperitivo ricos en nutrientes, completos, bien equilibrados y deliciosos? Por esta razón los batidos son siempre mi primera recomendación cuando alguien me pregunta cómo

puede incorporar los superalimentos a su vida cotidiana.

También me gusta la versatilidad social de los batidos. Cualquiera puede disfrutarlos: los enamorados de la cocina, los comensales más exigentes y también las personas con necesidades dietéticas especiales, porque nos ayudan a alcanzar nuestro objetivo de conquistar un estado de equilibrio y conservar o mejorar la salud. Quizás ya tengas una dieta equilibrada y solo estés buscando un aporte adicional de energía; o acaso necesites mejorar tu salud y no sepas por dónde empezar. Bien, en cualquiera de los dos casos, los batidos de superalimentos mejorarán tu salud y tu energía. Son la forma más sencilla de limpiar tu organismo, fortalecerte y sentirte estupendamente bien. ¡Qué maravilla!

PRINCIPIOS DE LOS BATIDOS DE SUPERALIMENTOS

Decir que no todos los batidos se preparan de la misma forma es quedarse corto. Tal como comenté en la introducción del libro, es posible combinar prácticamente cualquier ingrediente y, para bien o para mal, llamarlo batido. Esto incluye alimentos llenos de nutrientes (como las hortalizas de hojas verdes, que son muy sanas, y otras verduras frecuentemente evitadas, como la remolacha, de las que hablaré en profundidad en las próximas páginas) y también, desafortunadamente, algunos ingredientes típicos de los postres, como son el helado y el azúcar. He llegado a ver recetas de batidos que incluían una tarta entre sus ingredientes. Estoy segura de que estos brebajes son francamente deliciosos y no me parece mal darse el gusto de tomar un helado pero, como ya habrás entendido, estos ejemplos no son ni por asomo lo que consideraríamos un batido de superalimentos.

Por otra parte, apuesto a que ya conoces muchas recetas de batidos que resultan realmente sanas pero que no resultan en absoluto apetecibles. A pesar de mi profunda pasión por los superalimentos, yo misma he llegado a arrugar la nariz al probar batidos de colores marrones, grisáceos y verdosos que solo consiguen que te preguntes: «¿Esto es bueno para mi salud?». Puedes estar seguro de que alimentarte de forma sana no equivale necesariamente a beber ningún líquido de color marrón, grisáceo o verdoso, al menos no es eso lo que pretendo transmitir.

Los batidos de superalimentos que presento en este libro han sido específicamente concebidos para ser exquisitos, pero también realmente energizantes. Las recetas de superalimentos se ocupan de equilibrar el sabor con la función y, por fortuna, este es un objetivo fácil de alcanzar con los batidos. Así que te aconsejo que aprendas los siete principios básicos de los batidos de superalimentos, las reglas de oro para preparar los mejores batidos, y los más beneficiosos que has conocido jamás. *¡Jamás!* Combina los ingredientes teniendo en cuenta estos principios básicos y conseguirás llevar tus batidos hasta el próximo nivel de la alimentación sana.

1 Los alimentos integrales son los mejores ingredientes

Echar los ingredientes uno tras otro en la batidora es uno de los momentos más emocionantes del proceso de hacer batidos de superalimentos. Como el vaso de la batidora es transparente, justo antes de batirlo todo para obtener una bebida deliciosa podrás ver cómo se van formando capas de ingredientes integrales de diferentes colores y texturas, un maravilloso cuerno de la abundancia. Los batidos de superalimentos dependen de los alimentos integrales. Se preparan gracias a una alquimia perfecta de productos naturales (frutas, verduras, polvos sin refinar, frutos secos y semillas) y se utilizan ingredientes concentrados y procesados únicamente para potenciar su valor nutricional o su sabor. En esencia, cualquier cosa que no haya caído de un árbol ni crecido en la tierra debe considerarse un aditivo. Dichos aditivos no son necesariamente nocivos (los que he utilizado en este libro ciertamente no lo son) pero de ningún modo ofrecen el mismo nivel de beneficios que los alimentos integrales. Te recomiendo que las frutas y las hortalizas sean tu primera opción, muy especialmente antes de recurrir a productos concentrados o refinados.

2 Cada ingrediente tiene un objetivo

Uno de mis comediantes de monólogos preferidos, Louis C. K., bromeaba en una ocasión: «Siempre he comido mal. No sabía que la comida era buena para el organismo. Nunca lo había considerado de ese modo; pensaba que comer era otra de las cosas espantosas que tengo que hacer cada día... Nunca me detuve a reflexionar que la comida te hace sentir

bien». Para cualquiera de nosotros que no haya nacido con un tallo de col rizada en la boca, esta revelación es parte del viaje hacia la salud y un momento verdaderamente emocionante. Una cucharada de hierba de trigo en polvo contiene más de setenta tipos de vitaminas y minerales; las semillas de cáñamo, ácidos grasos esenciales que son antiinflamatorios y ayudan a nutrir el cerebro, los ojos, la piel y el sistema cardiovascular; las bayas de maqui, más antocianinas (potentes agentes antioxidantes y antienvejecimiento) que ninguna otra fruta. Cuando cambiamos nuestra forma de pensar sobre la comida (por ejemplo, cuando nos detenemos a reflexionar en lo que puede proporcionarnos), tomamos conciencia de nuestra dieta y nos sentimos inclinados a reemplazar las calorías vacías por ingredientes que nos ofrecen beneficios reales.

¿Cuáles son tus objetivos de salud? ¿Obtener más energía? ¿Tener una piel más brillante? ¿Protegerte de las enfermedades? Los superalimentos son nuestros amigos y cada uno de ellos es provechoso para nuestra mente y nuestro cuerpo. Cuando los utilices en los batidos, mézclalos con toda atención y sé consciente de cada uno de los ingredientes que utilizas y de qué manera te beneficiará. Así como la sensación de reconocimiento suele ser la base de la felicidad, también puede lograr que nos sintamos cada vez más sanos a medida que prestamos más atención a los efectos físicos positivos que produce una alimentación sana.

Huelga decir que valorar la función de los ingredientes de tu batido también te permitirá tomar conciencia de los demás alimentos que consumes cotidianamente. De vez en cuando, puedes incluir algunos ingredientes que son menos nutritivos con el fin de redondear el sabor, la textura e incluso el color del batido, pero lo que realmente promueve un cambio duradero para la salud es elegir los productos correctos para tener una dieta versátil.

3 Más no siempre es mejor

Me gustaba tanto el zumo de zanahorias que he llegado a beber hasta cuatro vasos al día (para los que están haciendo cuentas, equivale a prácticamente un litro) motivada por el ingenuo mantra: «El zumo de zanahoria es bueno para ti». Y en realidad, lo es. Sin embargo, al cabo de algunos meses las palmas de mis manos y las plantas de mis pies tenían un color naranja considerablemente

intenso, como si hubiera usado una loción de autobronceado. Consulté con un médico y descubrí que mi extraño nuevo *look* era simplemente una acumulación de caroteno, el antioxidante de color naranja presente en las zanahorias. Se acumulaba en mi piel, sin infligirme ningún daño, hasta que mi organismo pudiera procesar la gran cantidad de zanahorias que consumía. La receta del médico fue: «Deje de beber tanto zumo de zanahoria».

Este tercer principio de los batidos es para todas las personas que suelen obtener mejores resultados de lo esperado, para las que siempre ponen el mayor entusiasmo y buscan una ventaja añadida o aspiran pasar al siguiente nivel. Los nutrientes de los superalimentos son mucho más concentrados que los de los alimentos naturales comunes, y precisamente por eso nos gustan. De todos modos, es importante tener en cuenta su alto valor nutricional. Media cucharadita de camu en polvo proporciona casi el 600% de la ingesta diaria recomendada (IDR) de vitamina C, lo que lo convierte en un ingrediente ideal para añadir al batido debido a sus beneficios para el sistema inmunitario. Pero una cucharada de camu añadida al batido nos proporcionaría alrededor del 3.500% de la IDR, lo que significaría ingerir una dosis demasiado alta, que el organismo no sería capaz de procesar.

Aunque el uso excesivo de los alimentos de estas recetas no implica ningún peligro conocido, un consumo demasiado entusiasta podría causarte problemas de salud secundarios, como por ejemplo indigestión. Y esto por no mencionar que atiborrarte de alimentos que te cuestan un dineral será un gasto vano, porque el cuerpo no es capaz de procesar completamente todas las ventajas que pueden proporcionarte.

Incluso los alimentos más «domesticados» (como las frutas que tomamos a diario) podrían producir un aumento de los niveles de azúcar en sangre si, por ejemplo, añadieras seis raciones a un solo batido. Una cuestión de sentido común: hay que tener cuidado con el «poder» de los superalimentos (en especial con los productos en polvo, que son más concentrados); debes incluirlos de forma regular pero en cantidades moderadas. Cuando tengas dudas, utiliza las indicaciones del envase para obtener una ración y úsalas como guía general para las cantidades.

4 La concentración de nutrientes es lo primero

En una ocasión viajé a Nueva York para promocionar mi libro. Después de una de mis conferencias me vi envuelta en una amistosa pero acalorada discusión con una mujer que estaba entre el público y que insistía en que las calorías eran el principio y el fin de todo lo necesario para entender la nutrición. Aunque estoy de acuerdo con que las calorías son un componente de la ecuación, realmente son los micronutrientes, o mejor dicho, la cantidad de *micronutrientes por caloría* lo que debe tenerse en cuenta a la hora de elegir los alimentos.

Como ya he comentado detalladamente en mi primer libro, *Superfood Kitchen*, la concentración de nutrientes es la clave para crear cualquier receta de superalimentos, y esto es especialmente importante a la hora de preparar batidos. Concentración de nutrientes significa la proporción de micronutrientes (vitaminas, minerales, antioxidantes y sustancias fitoquímicas) por caloría. Cuanto más micronutrientes (o como yo prefiero denominarlos, «beneficios») hay en cada caloría de un alimento, mayor (y mejor) es la concentración de nutrientes presentes en él. Los batidos de superalimentos se han concebido para obtener una gran concentración de nutrientes, y ese es precisamente su propósito principal. Gracias a los superalimentos, que son los ingredientes más nutritivos, estas recetas alcanzan récords históricos en términos de nutrición. El resto de los ingredientes actúan para equilibrar el sabor y son la «mejor opción» para mantener la proporción beneficio-caloría en el mejor nivel posible.

5 Sustituir los productos de origen animal por ingredientes vegetales

¿Recuerdas cuando nos decían que la mejor fuente diaria de nutrientes para los usuarios frecuentes de los gimnasios era un batido con huevos crudos? Afortunadamente para nosotros, las épocas han cambiado y las investigaciones sobre nutrición han recorrido un largo camino. El objetivo de los batidos de superalimentos es ofrecernos los beneficios más sanos en un vaso, y también hacerle el menor daño posible a tu cuerpo.

Los productos de origen animal, como los huevos y la carne (confío en que nunca los hayas echado en ningún batido, aunque estoy segura de que *alguien* puede haberlo hecho) y todo tipo de productos lácteos

(leche, yogur, helado, suero de leche...) no se utilizan en los batidos de superalimentos porque, a pesar de que pueden proporcionar proteínas y algunos minerales, suponen un problema serio para la salud: la acidez. Los productos de origen animal se encuentran entre los alimentos que más acidez provocan, causando estragos en el equilibrio del pH de nuestro organismo y haciéndonos más propensos a contraer enfermedades (desde las menos importantes hasta las que son fatales) y al envejecimiento prematuro. Los macro y micronutrientes que proporcionan los productos animales pueden encontrarse en abundancia en alimentos del reino vegetal, que nos ofrecen los mismos beneficios sin los desagradables inconvenientes para la salud. Volviendo al principio número dos (recordar que cada ingrediente tiene un objetivo), los productos de origen animal no nos ayudan a conseguirlo; es mejor recurrir a las plantas.

6 Reservar el azúcar para los postres

Acaso pienses que este principio es obvio, pero te invito a que eches un vistazo a la mayoría de las recetas de batidos que se ven por ahí, y estarás de acuerdo conmigo en que las cosas

MEJORAR EL BATIDO CON INGREDIENTES CREMOSOS

Es fácil conseguir un sabor y una textura cremosos utilizando ingredientes de origen vegetal. Para que un batido sea más cremoso, puedes incluir cualquiera de los siguientes alimentos:

- Aguacate
- Plátano
- Coco
- Cereales cocidos (como mijo o cebada)
- Calabaza cocida
- Yogur sin productos lácteos (se vende en algunos herbolarios o tiendas de alimentación sana)
- Mango
- Nueces, arroz, semillas o leche de soja
- Gachas de cereales (por ejemplo, de copos de avena o quinoa)
- Tofu tierno (biológico y germinado, si lo encuentras)
- Hortalizas de raíz cocidas al vapor
- Semillas naturales y crudas (se utilizan secas, pero puedes remojarlas en agua durante al menos una hora si tu batidora no es muy potente)
- Frutos secos sin sal añadida (se utilizan secas, pero puedes remojarlos en agua durante al menos una hora si tu batidora no es muy potente)

no están tan claras. Los batidos de superalimentos son un maravilloso santuario para la salud, están repletos de alimentos naturales que mejoran el estado físico y potencian el bienestar. Y no son postres, ¡aunque muchos de ellos resultan tan deliciosos que podrían serlo! Pudiendo utilizar ingredientes como frutas, zumos de frutas y otros trucos saludables para endulzar tus batidos, no existe ninguna necesidad de usar azúcar. En la página 28 encontrarás algunos secretos sobre cómo crear batidos más

dulces sin echar mano del azúcar. Si te apetece tomar azúcar, resérvala para el postre pero no la incluyas en tu batido.

Merece la pena mencionar que los edulcorantes químicos de cualquier tipo (Splenda, aspartamo, sacarina y demás) también deben estar lo más lejos posible de la mesa. La mayoría de ellos son conocidos agentes carcinógenos y neurotoxinas. Evítalos en tus batidos, aunque lo ideal sería que estuvieran lejos de todo lo que consumes.

7 Los batidos de superalimentos deben tener buen sabor

La mayoría de estos principios se basan en la salud, pero creo que la felicidad también es una parte importante del bienestar, y un batido delicioso se traduce en un bebedor feliz. Con las combinaciones adecuadas de sabores, beber un batido puede ser algo realmente excitante para los sentidos. No hay ninguna necesidad de que hagas una mueca de dolor mientras intentas tragar un saludable líquido turbio. Tener en cuenta el sabor significa que llegarás a ansiar el momento de tomar un batido de superalimentos, tu inyección diaria de nutrientes. De hecho, no serás capaz de privarte de ellos. Olvida las dietas temporales o las «limpiezas» esporádicas. Un exquisito batido diario de superalimentos allana el camino hacia un *estilo de vida* saludable. Empieza por paladear sus deliciosos sabores y alcanzarás fácilmente tus objetivos de mejorar tu salud porque te parecerán absolutamente irresistibles.

CONCEPTOS BÁSICOS DE LOS BATIDOS

Los batidos se preparan siguiendo los conceptos básicos de las recetas, aunque también hay algunas reglas generales específicas. Un batido se compone normalmente de cinco componentes: una base (espesante), hielo, líquido, un agente saborizante y una sustancia edulcorante. En un batido de superalimentos se añade una capa más a la mezcla: la importantísima inyección de energía que proporcionan los superalimentos, de los que hablaré a lo largo de todo el libro.

CÓMO CREAR EL MEJOR BATIDO

No todos los batidos se preparan de igual forma: los ingredientes utilizados para cada uno de ellos pueden crear una bebida deliciosa o, por el contrario, echarla a perder. Por ejemplo, teóricamente se podría preparar un batido con helado (base y hielo), leche (líquido), mezcla para tartas (agente saborizante) y azúcar. Ríete de esta receta, si quieres, pero puedo asegurarte que la he visto más de una vez. Los batidos de superalimentos utilizan los ingredientes más nutritivos y de mejor calidad en cada uno de sus integrantes para conseguir el sabor que deseamos. No solo es posible crear algo sorprendente sino que además es muy fácil si sabes cómo hacerlo y conoces cuáles son los componentes buenos para tu salud. Aunque las recetas de este libro se han concebido para que tus papilas gustativas salten de alegría (y te den la energía suficiente como para que tú puedas saltar cada vez más alto), también puedes utilizar los siguientes ingredientes de primera calidad como una guía para crear tus propias obras maestras saludables.

Bases y espesantes

La base de un batido es esencialmente el corazón de la receta. Le confiere consistencia, textura y parte del sabor. Las posibilidades son prácticamente infinitas. Cualquier ingrediente que puedas mezclar con la batidora puede ser una base adecuada. También es una buena idea añadir al batido raciones adicionales de otros productos. Los siguientes alimentos se pueden utilizar como una base nutritiva y deliciosa:

- Frutas con alto contenido en grasas (como los aguacates)
- Frutas congeladas

- Verduras congeladas
- Hortalizas de hoja
- Frutos secos (sin sal añadida)
- Semillas (sin sal añadida)
- Algunos cereales (como copos de avena)
- Verduras asadas o cocidas al vapor
- Frutas dulces
- Tofu

Hielo

Los batidos saben mejor cuando están fríos, independientemente de que sean cremosos o mezclas más consistentes que deben tomarse con cuchara. Y es aquí donde el hielo entra en juego. Sin embargo, también existe el truco de utilizar diferentes ingredientes congelados, que además de realzar el sabor del batido también aportan nutrientes. Es una forma de simplificar todavía más la receta. Las opciones incluyen:

- Hielo
- Hielo saborizado (ver el cuadro de la página 30)
- Frutas congeladas
- Verduras congeladas

Líquidos

Obviamente, ¡no lo llamaríamos batido si fuera simplemente una suma

CÓMO UTILIZAR LAS VERDURAS CONGELADAS

Las verduras congeladas son un secreto muy poco aprovechado que nos permite incluir en nuestros batidos cantidades ingentes de hortalizas sin que su sabor llegue a detectarse. Las temperaturas frías reducen nuestra sensibilidad a los sabores y por esta razón, por ejemplo, un trozo de mango fresco tiene un sabor radicalmente diferente al de un trozo de mango congelado. En el caso de las hortalizas, este fenómeno trabaja a nuestro favor y nos facilita añadirlas a todas las variedades de batidos. Además, las verduras congeladas ayudan a conseguir una textura fresca, que siempre es muy apetecible, y tienen el valor añadido de que pueden conservarse durante mucho más tiempo que las verduras frescas. Puedes agregar prácticamente cualquier verdura congelada a un batido, siempre que no contenga sal y conserve su sabor natural. Algunas de las mejores verduras congeladas para usar en los batidos son:

- Brócoli
- Coles de Bruselas
- Guisantes
- Coliflor
- Espinaca picada

de alimentos sólidos! El líquido es esencial para mezclar los ingredientes y convertirlos en un batido, y también puede contribuir a equilibrar el sabor. Dependiendo de cuáles sean tus preferencias personales y tus objetivos dietéticos, puedes utilizar algo tan sencillo como el agua o algo tan rico en nutrientes como la leche de coco. La regla más importante es que el líquido que has elegido esté frío desde el principio a nadie le gusta beber un batido tibio.

Por cierto, si compras leches que no contienen productos lácteos en vez de prepararlas en casa (en la página 220 te enseño cómo hacerlo), elige siempre las que no tienen azúcares añadidos; en otras palabras, ¡lee las etiquetas! Si te acostumbras a preparar batidos con productos que no contienen azúcar añadido, tendrás el 100% del control sobre cómo, y en qué grado, debes endulzar tu batido y podrás evitar un exceso de azúcares que pueden introducirse a hurtadillas en los batidos que preparas con la mejor de las intenciones. Las recetas más sanas se basan en el control. Elige alguno de los siguientes ingredientes:

- Agua de coco
- Zumo de frutas
- Kombucha o kéfir (bebidas fermentadas)
- Leches de frutos secos y semillas (compradas o hechas en casa)
- Té preparado (fresco)
- Leche de arroz
- Leche de soja*
- Caldo de verduras
- Agua

Sabores

Añadir agentes saborizantes naturales puede transformar un batido con un sabor decente en otro que sea exquisito. También ayuda a suavizar y ocultar algunos sabores «ásperos», como el brócoli o el polvo de alga chlorella. No tengas miedo de dar rienda suelta a tu creatividad con alguno de los extractos naturales que puedes encontrar en el supermercado. Estos importantes ingredientes quizás no aporten muchos nutrientes pero potencian la concentración nutricional al ayudar a reducir las calorías innecesarias que tienen normalmente los alimentos de sabor intenso o altamente calóricos. Es entonces cuando lo único que desean tus papilas gustativas es saborear más productos de primera calidad. Considera la posibilidad de utilizar los siguientes productos:

- Extractos (de almendras, menta, etc.)**
- Frutas liofilizadas en polvo**
- Ralladura fresca de cítricos
- Hierbas frescas (por ejemplo, menta, albahaca, romero, etc.)
- Zumo de limón fresco
- Zumo de lima fresco
- Vaina de vainilla recientemente molida
- Especias molidas (por ejemplo, canela, nuez moscada, cardamomo, etc.)
- Lúcuma en polvo**
- Algarroba en polvo**

---

* Quiero destacar que la leche de soja no se utiliza como ingrediente en este libro. Creo que es bueno consumirla de forma ocasional (siempre que sea biológica), pero la soja es un producto demasiado utilizado en la dieta moderna que potencialmente puede causar desequilibrios en la salud, o incluso alergias, si se consume con mucha frecuencia. Hay muchas otras opciones de «leches» maravillosas sin productos lácteos que merece la pena emplear al preparar los batidos. La leche de soja se debe usar con moderación, o sustituir por otra leche.

** Estos ingredientes no son necesarios para ninguna de las recetas de este libro, pero pueden aportar una maravillosa variedad de sabores. Por ejemplo, unas pocas gotas de extracto de almendras transforma un batido cremoso en un delicioso postre. El polvo de algarroba, que tiene un índice glucémico bajo (puedes comprarlo en tiendas de alimentación sana y a través de Internet), endulza naturalmente los batidos confiriéndoles un sabor acaramelado.

ME ENCANTA USAR LÚCUMA EN LOS BATIDOS

A pesar de que contiene algunas vitaminas (especialmente las del grupo B), antioxidantes de caroteno y unos pocos minerales, la lúcuma no se ha ganado el título de reina de los superalimentos. De todos modos, es un ingrediente estrella en los batidos. Se trata de una fruta sudamericana de apariencia externa semejante a un aguacate y con un rico color naranja en su interior, que sabe a un cruce de mango y boniato. Es un ingrediente muy popular en los postres sudamericanos, utilizado principalmente para dar sabor a los helados. No debe sorprendernos que también sea un maravilloso ingrediente para añadir a los batidos, pues les confiere un sabor ligeramente afrutado, dulce y un poco cremoso, con notas de vainilla y caramelo. En América del Norte se vende en forma de polvo. Aunque pueda parecer que es un ingrediente *gourmet* innecesario en los batidos, su suave dulzor ayuda a reducir el contenido de azúcar y, al mismo tiempo, potencia el sabor. No siempre es fácil encontrar polvo de lúcuma, ni siquiera en las tiendas de alimentos sanos, así que te recomiendo adquirirla a través de Internet (ver la página 224 para obtener más información).

Endulzantes

Los endulzantes son quizás el segundo factor más importante a la hora de preparar un batido que sea verdaderamente sano (los superalimentos están al principio de la lista). Así como la sal resalta los sabores de los platos salados, los endulzantes ayudan a concentrar y realzar los sabores de los batidos. Me parece esencial saber endulzar correctamente los batidos. Esto marca la diferencia entre un batido que es bueno para tu salud pero que puedes olvidar rápidamente y otro cuyo sabor es tan placentero que no puedes pasar sin él y lo incorporas a tu estilo de vida.

Si quieres preparar una amplia gama de batidos, es fundamental usar los endulzantes adecuadamente para obtener una bebida deliciosa. Sin embargo, igual que ocurre con la sal, la cantidad perfecta de «dulzor» es una cuestión de preferencia personal. Observarás que en las recetas de este libro te recomiendo probar el batido en primer lugar antes de añadir el endulzante a tu gusto. Algunas recetas te parecerán perfectas tal como son, mientras que otras pueden requerir un poco más de endulzante.

Como es evidente, cuando hablo de endulzantes no quiero decir que hay que agregar una cucharada de azúcar para poder tragar la medicina. Por el contrario, me refiero a esa gran cantidad de endulzantes sanos que constituyen nuestra «mejor opción» y que ofrecen más beneficios que algunos de sus homólogos artificiales que son más concentrados. Sin entrar en los matices de la nutrición, es importante recordar que los endulzantes de cualquier tipo deben utilizarse con cuidado, incluso los más sanos. Recuerdo a una mujer que conocí en la cola del supermercado; mientras charlábamos me dijo: «Me encantan los batidos. Utilizo grandes cantidades de superalimentos, como frutas y néctar de agave». Quiero aclarar cualquier posible confusión: los endulzantes no son superalimentos, ni siquiera son alimentos sanos. Pero, insisto una vez más, utilizar media cucharada del mejor endulzante (como puede ser el néctar de agave) puede marcar la diferencia entre un batido que no puedes acabar y uno del que no puedes prescindir. ¡Te recomiendo la opción que te ayude a crear un hábito feliz!

Mi endulzante preferido para los batidos es el extracto de estevia. Procede de una hierba extraordinariamente dulce y puedes comprarlo en polvo o líquido. La estevia no tiene calorías, carbohidratos ni azúcares y, por tanto, ninguna consecuencia desfavorable para el nivel de azúcar presente en la sangre ni ninguno de los efectos secundarios perjudiciales para la salud que tienen los sustitutos artificiales del azúcar. Es un elemento que brilla en la cocina sana y suelo utilizarlo para potenciar ligeramente el sabor de mis batidos.

La desventaja de la estevia es que tiene un sabor dulce único y muy peculiar. Es un extracto muy concentrado que actúa de forma similar a alguno de sus competidores artificiales, proporcionando un dulzor característico ligeramente picante. Es muy difícil utilizar la estevia con éxito en recetas que requieren cocción, porque resulta complicado controlar su potencia. Por otro lado, cuando se emplea sola carece del sabor «redondo» de otros productos endulzantes. No obstante, la estevia es ideal para recetas de batidos que ya tienen un sabor dulce natural pero que quieres potenciar ligeramente. Una pequeña cantidad puede conseguir que los sabores se pongan a cantar, pero si la usas en exceso te dejará un característico gusto amargo en la boca. Cada persona tiene un paladar diferente;

CÓMO PREPARAR HIELO SABORIZADO

Uno de los verdaderos secretos para mejorar los batidos es usar hielo saborizado. Aunque pueda parecer innecesario, le aporta una nueva dimensión al sabor del batido, imitando el efecto que se lograría al añadir helado o sorbete. La técnica es tan simple como versátil. Echa zumo de frutas o leche de almendras en una cubitera y colócala en el congelador. Puedes utilizar una cubitera flexible de silicona con tapa para obtener mejores resultados, pues permite mantener los sabores frescos y retirar fácilmente los cubitos de hielo (ver la guía de recursos de la página 224 para conocer algunas sugerencias de marcas).

Aunque se puede congelar prácticamente cualquier bebida, para simplificar me he limitado a tres tipos diferentes de cubitos de hielo saborizados.

Esta es la forma de hacerlos:

Cubitos de coco: congela agua de coco pura en las cubiteras (es una de mis opciones preferidas para aportar más sabor).

Cubitos de almendras: utiliza cubiteras para congelar leche de almendras sin azúcar añadido.

Cubitos de té verde: utiliza cubiteras para congelar té verde sin azúcar añadido.

Si pruebas a congelar otros tipos de bebidas, debes recordar que cuanto mayor sea el contenido de azúcar (por ejemplo, los zumos de frutas dulces) y de grasa (como el de la leche de coco en lata), más rápido se derretirá el hielo. El hielo saborizado con cualquier producto se derrite un poco más rápidamente que el normal, de modo que puedes añadir todo el hielo necesario para alcanzar la textura deseada.

Bien tapado, el hielo saborizado se conserva indefinidamente en el congelador; por esa razón puedes preparar grandes cantidades y tener los cubitos listos para cuando los necesites. Hay diferentes tamaños de cubiteras, pero con la mayoría de ellas puedes hacer lograr entre dos y tres tazas de hielo.

algunas son más sensibles a ese amargor y afirman rotundamente que NO les gusta la estevia. Quizás tú seas una de ellas. No obstante, si aprendes a degustar su sabor, puede funcionar como una varita mágica y ofrecerte

el dulzor que buscas, ganándole la partida a las calorías y al azúcar como ningún otro ingrediente podría hacerlo. Nueve de cada diez veces, las personas que afirman odiar la estevia son aquellas que la han utilizado

INGREDIENTES QUE NO DEBES UTILIZAR

Si estás invirtiendo dinero y esfuerzos para emplear superalimentos en tus batidos, no los malgastes añadiendo ingredientes contraproducentes. Aunque a veces se encuentran en los batidos comerciales, dichos productos tienen muy poca concentración de nutrientes y consecuencias potencialmente negativas para la salud, de manera que trata de evitar los siguientes ingredientes en la medida de lo posible:

- Zumo de caña de azúcar y azúcar de caña (o cualquier producto que los contenga)
- Sirope de maíz
- Productos lácteos (incluyendo leche, yogur y helado)
- Huevos
- Colorante alimentario
- Proteína de soja aislada
- Proteínas en polvo que incluyan cualquiera de estos ingredientes
- Mezcla preparada para budines o tartas
- Proteína de suero de leche

excesivamente en una receta, un error fácil de cometer debido a su concentración excesivamente dulce. En consecuencia, recomiendo vivamente a los nuevos usuarios de la estevia, y también a los escépticos, que le den una oportunidad a su forma líquida. De ese modo, es fácil añadirla paulatinamente y probar el batido hasta conseguir el sabor perfecto.

La lista que se incluye a continuación resume algunos de mis endulzantes favoritos para batidos que presento en orden de «mejor opción»:

- Néctar de agave
- Sirope de dátiles
- Dátiles
- Sirope de alcachofas de Jerusalén (un producto muy caro pero con un índice glucémico muy bajo)
- Sirope de arce
- Estevia (líquida o en polvo)
- Xilitol (utiliza variedades que no procedan del maíz)
- Sirope de yacón (un producto caro pero beneficioso)

BATIDOS FRENTE A ZUMOS

¿Preparamos batidos o zumos? Si empiezas a plantearte esta cuestión, puedes estar seguro de que ya te encuentras en el buen camino. Ambos pueden ser muy provechosos; sin embargo, los batidos llegan a eclipsar a sus jugosos competidores por las siguientes razones:

Fibra: el proceso básico de extraer el zumo de una fruta o una verdura implica descartar la fibra, y el resultado es un líquido rico en nutrientes. Si lo que deseamos es un mayor aporte de vitaminas y minerales, los zumos pueden ser una opción muy provechosa; hablando en términos de mililitros, para lograr un vaso de zumo se necesita una cantidad mucho mayor de ingredientes que para preparar un batido. No obstante, la fibra presente en los productos comestibles de origen vegetal tiene muchos beneficios, entre ellos ralentizar la liberación de azúcar en el flujo sanguíneo, promoviendo así que la energía del organismo permanezca estable y sea sostenible. Cuando preparamos zumos, las frutas (e incluso algunas hortalizas) se transforman en un aporte directo de azúcar que revigoriza de inmediato el cuerpo, aunque más tarde nos sentiremos aletargados a medida que su efecto se diluya. Por el contrario, nos sentimos mejor durante más tiempo si tomamos un batido, que conserva la fibra. Un poco de zumo puede contribuir a potenciar el sabor de un batido, pero incluso en este caso vale la pena añadir un superalimento rico en fibra, como pueden ser las semillas de chía o de lino, para equilibrar el batido.

Coste: si alguna vez has pedido en un bar un vaso de zumo natural, sabes perfectamente que son muy caros. Tampoco ahorraremos mucho dinero si los elaboramos en casa, porque para obtener un solo vaso de zumo se requiere una cantidad exorbitante de fruta o verdura. Los batidos utilizan menos cantidad de ingredientes, se desperdicia muy poco y, con la ayuda de los superalimentos, están llenos de nutrientes.

Tiempo: en cuanto al factor tiempo, no hay comparación posible. Preparar zumos naturales y frescos en casa es un proceso largo. Primero hay que lavar los productos, luego prepararlos y cortarlos y finalmente introducirlos en la licuadora (los mejores zumos son los que más tiempo tardas en preparar) y, por último, lo peor de todo: la limpieza. Normalmente implica desmontar los cientos de piezas pequeñas que tiene una licuadora para limpiarlas, frotarlas y cepillarlas cuidadosamente con el fin de eliminar la fibra de los alimentos utilizados, que es tan fina como un cabello (no es una buena señal que muchos de estos aparatos incluyan una herramienta de limpieza muy parecida a un cepillo de dientes). Y todo eso por un simple vaso de zumo. En comparación, para hacer un batido generalmente solo necesitas unos pocos minutos y el proceso acaba con la limpieza y el aclarado de la jarra de la batidora.

Satisfacción: me encanta tomar un zumo fresco de vez en cuando, es un verdadero deleite. Los zumos verdes, en particular, son una forma ejemplar de nutrirse; de hecho, hay pocas cosas en el mundo que sean más revitalizantes. Si puedes, toma un zumo fresco de hortalizas verdes (especialmente uno que no contenga fruta, o que tenga muy poca cantidad) cuando te sea posible. Desafortunadamente, no es fácil que un zumo pueda sustituir a una comida porque no tiene fibra, proteínas ni grasas, elementos que no solo son necesarios para la salud, sino también para mantener a raya la sensación de hambre durante más tiempo. Un batido puede saciar tu estómago durante horas; en cambio, la mayoría de la gente coincide en que eso no es posible con un zumo ya que poco después de beberlo se siente la necesidad de tomar un tentempié o una comida. Un batido de superalimentos *es* el tentempié o la comida, y tu cuerpo lo sabe.

CÓMO PREPARAR TU BATIDO

Cada vez que doy una clase sobre cómo preparar batidos y nos detenemos en los detalles, suelo decir lo siguiente: «Es un batido y no una ciencia». En otras palabras, la tarea es fácil y flexible. De cualquier modo, siguiendo un plan de arquitectura general, al preparar un batido siempre debemos asegurarnos de que tenga la mejor de las texturas. A nadie le gusta un batido que contenga grumos. Así es como los profesionales los preparan:

Base: se echan primero los ingredientes crujientes y duros (frutas congeladas, frutas deshidratadas, frutos secos y semillas) porque de esta forma están más cerca de las cuchillas de la batidora.

Ingredientes: a continuación se añade el resto de los ingredientes, crujientes y blandos, como frutas y verduras frescas, hortalizas de hojas

verdes, mantequilla de frutos secos, tofu, etc.

Polvos y superalimentos: si echas los polvos en primer, lugar pueden quedarse atrapados debajo de las cuchillas y formar grumos. Lo indicado es agregarlos después de la base y del resto de los ingredientes, pero antes que los líquidos porque de este modo se unen a los ingredientes básicos y se mezclan perfectamente.

Líquidos: siempre se deben añadir los líquidos al final para que los ingredientes se distribuyan uniformemente; así también se evita el problema de las salpicaduras, muy común cuando se añaden ingredientes sólidos al vaso de la batidora que ya contiene líquidos (piensa en alguien que se tira a una piscina haciendo la bomba).

Hielo: se puede añadir al principio o en último lugar. Si tu batido contiene ingredientes muy duros, como los frutos secos, bátelos todos, excepto el hielo, para formar primero una mezcla cremosa, luego apaga la batidora para agregar el hielo y finalmente vuelve a ponerla en marcha para mezclar los ingredientes una vez más. Esto permite que las cuchillas de la batidora los procesen correctamente para que no encuentres trozos de alimentos en tu batido.

LÍQUIDO

POLVOS

INGREDIENTES

BASE

HIELO (AL PRINCIPIO O AL FINAL)

PRINCIPIOS ESENCIALES DE LOS BATIDOS DE SUPERALIMENTOS

Decir que los superalimentos son importantes es quedarse corto. Como he comentado extensamente en mi libro *Superfood Kitchen*, incorporar los superalimentos en nuestra dieta es ahora más importante que nunca. La abundancia de calorías vacías presentes en la dieta típica norteamericana nos ha dejado en un estado físico lamentable, tratando desesperadamente de luchar contra las altas tasas de obesidad, las enfermedades cardíacas, la diabetes y el cáncer. Y a todo esto hay que sumarle la pérdida de nutrientes en los cultivos provocada por la agricultura industrial; incluso las dietas a base de verduras frescas carecen de los micronutrientes que necesitamos. Aquí es donde entran en escena los superalimentos, que nos ofrecen el aporte nutricional que buscamos.

Los superalimentos contienen más vitaminas, minerales, antioxidantes y sustancias fitoquímicas (y, por tanto, beneficios generales) que ningún otro alimento del planeta; hacen honor a su nombre porque son nuestros pequeños superhéroes de la nutrición. En vez de cargar nuestro cuerpo con toxinas, calorías y materiales difíciles de digerir, los superalimentos nos proporcionan únicamente elementos vitales; podríamos decir que son una forma condensada de alimentarnos saludablemente. Imagina que fuera como el proceso de buscar oro, cuya técnica básica es el lavado. El proceso de «lavar» alimentos normales da como resultado un montón de limo con escasas hojuelas de oro (si tienes suerte), pero una cazuela llena de superalimentos contiene gran cantidad de pequeñas hojuelas y pepitas de oro que la hacen resplandecer y, en consecuencia, muy poca suciedad para cribar.

Nuestro cuerpo siente que se ha enriquecido cuando consumimos superalimentos y nos recompensa con los objetivos que anhelamos para nuestra salud: un cuerpo en excelente forma, energía (tanto física como mental) para cumplir de la mejor manera posible con todas nuestras obligaciones y una armadura que nos defiende de las enfermedades más graves que afectan actualmente a nuestra sociedad. Y todo eso por el mero hecho de tomar alimentos deliciosos. No parece un mal trato, ¿verdad? Es solo cuestión de hacerlo. Y preparar los batidos no te producirá ningún estrés, porque lo único que tienes que hacer es mezclar los ingredientes.

LOS «SÚPER-15»

Aunque la naturaleza nos ofrece una ingente cantidad de superalimentos para elegir, debemos afrontar el hecho de que la mayoría de nosotros no tenemos el presupuesto o el espacio necesario en la cocina, y a veces ni siquiera el espacio mental, para aprovechar la enorme colección de superalimentos que hay en el mundo. Por lo tanto, con el propósito de crear las recetas que presento en este libro, he seleccionado los «Súper-15» superalimentos (es decir, aquellos que son esenciales para alcanzar el bienestar holístico) que incluyo en los batidos de la sección de recetas. Cada superalimento presente en la lista se ha ganado su puesto por ser un elemento muy valioso para mejorar el amplio espectro de la salud. Son agradables al paladar, fáciles de batir y, por último, económicos tanto en lo que se refiere a la cantidad de nutrientes que contiene

cada ración como en términos de dinero. Puedes comprarlos a través de Internet o en tiendas de alimentación sana.

Si estos ingredientes son nuevos para tu cocina, ¡no te preocupes! No hay ninguna necesidad de salir corriendo a comprarlos. Una buena alternativa es adquirir un nuevo superalimento cada semana y preparar una de las magníficas recetas de las próximas páginas aprovechando lo que hay en tu despensa. Durante mucho tiempo consumí exclusivamente cacao, maca y goji, pero luego decidí diversificarme y probar nuevos sabores, así que comencé a incorporar otros tesoros naturales (y debo decir que con gran éxito). Cada superalimento tiene sus propios y singulares beneficios, de manera que una mayor versatilidad a la hora de preparar los batidos solo puede mejorar tu bienestar general. De cualquier modo, reconozco que todos necesitamos comenzar por algún sitio, así que no temas empezar por lo más simple, o por aquello con lo que te sientas más cómodo. Cada superalimento que incorpores a tu batido solo podrá beneficiarte, jamás te hará daño.

Bayas de acai

A pesar de que la popularidad del acai está creciendo a un ritmo muy rápido en América del Norte, aún se lo considera un alimento relativamente exótico. En contraste, es muy común en Sudamérica, donde prácticamente es un alimento básico, en especial para las comunidades que viven cerca del mar. Se trata de una pequeña baya de intenso color azul púrpura que crece en una especie de palmera de gran altura y tiene un suave sabor a bayas y una textura ligera y agradablemente oleaginosa y cremosa. Su delicado sabor puede quedar oculto por otros ingredientes, pero destaca en batidos con plátanos, leches cremosas de frutos secos (incluyendo la leche de coco), otras bayas y dátiles. El acai combina particularmente bien con el chocolate, pero rara vez con los cítricos o las hortalizas. Debido a su exquisito sabor y textura, las bayas de acai parecen haber sido creadas específicamente para los batidos. De hecho, las bebidas a base de acai son la forma más común de consumirlas en las regiones indígenas.

Comprar acai: puedes adquirirlas en herbolarios y tiendas de alimentación sana, aunque los supermercados y fruterías convencionales cada vez tienen más productos de acai en sus expositores. Cuando se trata de preparar batidos, las cualidades más importantes del acai son su pureza y su simplicidad. Esto significa que no es recomendable comprar ningún producto derivado del acai que contenga azúcares añadidos.[*] Recuerda nuestro principio: usar ingredientes puros gracias a los cuales podrás controlar el resultado de tu batido y optimizar el sabor y los beneficios para la salud. Yo uso polvo de acai liofilizado (ver la foto); lo prefiero por diversas razones: puedo transportarlo (lo que resulta genial cuando quiero viajar),

---

[*] A menudo encontrarás que los productos a base de acai contienen ácido cítrico (vitamina C añadida para conservar las grasas presentes en el acai, que son muy delicadas y se ponen rancias rápidamente sin algún tipo de protección). El ácido cítrico es un conservante natural y beneficioso, y no hay nada que temer cuando se consume en pequeñas cantidades.

es menos perecedero que el zumo (puedes guardarlo en el congelador y prolongar así su vida útil; el polvo no se solidifica), es hiperconcentrado y no está adulterado. Otra posibilidad es consumir batidos preparados que contienen zumo puro o pulpa de acai sin azúcares añadidos; puedes encontrarlos en la sección de congelados de algunas tiendas de alimentación sana. Para las recetas que presento en este libro solo necesitas el polvo liofilizado aunque, evidentemente, tienes toda la libertad de probar otros productos.

Beneficios: el acai contiene grandes niveles de antioxidantes que lo convierten en un producto excepcional para luchar contra los radicales libres y el envejecimiento y promover la longevidad. Rico en minerales, vitaminas y aminoácidos, es un fruto «graso» que contiene ácidos grasos esenciales, entre ellos omega 3, 6 y 9, además de grasas monoinsaturadas que son buenas para el corazón. El beneficio añadido del acai es su bajo contenido en azúcar.

Cantidad necesaria para una ración: una cucharada de polvo de acai liofilizado.

Sustitutos: no hay nada que se asemeje al sabor del acai, y esa es una de las razones por las que empieza

a ser popular en Norteamérica. No obstante, si lo que más nos importa no es el sabor sino los beneficios para la salud, se puede reemplazar por polvo de maqui. En general, se utiliza aproximadamente una cucharadita de bayas de maqui en polvo en lugar de una cucharada de polvo de acai, ya que el maqui es más concentrado.

Algas

Este primigenio alimento se encuentra entre las formas de vida más antiguas de la Tierra, además de estar entre los que tienen una mayor concentración de nutrientes. Sin embargo, es necesario hacer una advertencia: las algas comestibles tienen un sabor muy intenso que puede ser difícil de tolerar. A algunas personas no les importa en absoluto, pero otras son muy sensibles a su sabor. Haz uso de este superalimento de la mejor forma posible porque, si hablamos de los beneficios que aporta para desintoxicar el organismo, vale su peso en oro. De manera que es mejor utilizar las algas en pequeñas cantidades que no utilizarlas nunca.

En general, las algas funcionan mejor cuando se añaden en pequeñas cantidades a los batidos que tienen ingredientes de sabor intenso, como por ejemplo chocolate, manzana o lima, que ayudan a equilibrar el sabor a «océano». Otro truco es mantener el batido muy frío o incluso helado, para reducir de forma natural la sensibilidad a los sabores de las papilas gustativas. También ayuda beber el batido recién hecho, porque cuanto más tiempo pase, más intenso será el sabor a algas.

Variedades: las más comunes son las algas de color verde y azul verdoso como la chlorella y la espirulina, respectivamente. Recomiendo la chlorella antes que la espirulina porque tiene cantidades sustancialmente mayores de clorofila, aunque ambas son muy beneficiosas.

Comprar algas: búscalas en la sección de suplementos de las tiendas de alimentación natural o herbolarios, o cómpralas a través de Internet. Es importante adquirir marcas cuya pureza esté garantizada (para las algas no hay certificación de productos biológicos) porque las algas actúan como un microfiltro del agua en que se desarrollan. Compra únicamente la chlorella cuando veas que en el envase dice que se trata de una variedad de «paredes agrietadas», pues es una garantía de que es digerible.

Beneficios: tanto la espirulina como la chlorella están formadas en gran medida por proteínas (amino-ácidos) y contienen cantidades asombrosas de micronutrientes; hasta cuarenta tipos de minerales (son especialmente ricas en hierro), vitaminas A, K y D (5 gramos de chlorella contienen el 240% de la IDR) y vitaminas del grupo B. Con el 1-2% de su peso compuesto por clorofila pura, este superalimento es quizás el desintoxicante más potente que pueda hallarse en la naturaleza, muy conocido por ser particularmente útil para eliminar los metales pesados y las toxinas acumulados en el organismo.

Cantidad necesaria para una ración: entre media y una cucharadita por día. Cuando comiences a usar algas, añade solo la mitad de esta recomendación; en algunos casos puede producir una reacción de limpieza demasiado intensa.

Sustitutos: utiliza polvo de hortalizas secas (como, por ejemplo, hierba de trigo en polvo) o un concentrado líquido de clorofila. También tienes la opción de no reemplazarla.

Cacao

Puede ser un error inclinarse por los productos preferidos, pero el cacao consigue ganar el corazón de los aventureros más experimentados en el terreno de los superalimentos.

Su popularidad es comprensible. El cacao es chocolate en su estado natural, y no solo es un superalimento típico, sino que además es un producto excepcional. Añádelo a tu batido porque es emocionante comprobar que se convierte en un potente agente antienvejecimiento que te ofrece energía y beneficios para tu salud. El cacao puede incluirse en los batidos para otorgarles su fascinante sabor con el fin de que parezcan un postre. Combina mejor con leches de frutos secos e ingredientes cremosos, como el aguacate y el plátano, pero también puede utilizarse con frutas, como las bayas, e incluso con hortalizas verdes suaves, como las espinacas. No se lleva particularmente bien con la mayoría de las frutas tropicales y cítricas, aunque la naranja es una excepción.

Variedades: existen muchas especies de cacao, pero los detalles técnicos son insignificantes. Al comprar cacao lo más importante es asegurarse de que tiene la certificación de comercio justo o que pertenece a una empresa que apoya dichas prácticas.

Comprar cacao: las dos formas más convenientes para los batidos son el cacao en polvo (que tiene la mayor concentración de cacao) y el descascarillado. El primero tiene un sabor más intenso y puede batirse sin esfuerzo para preparar una bebida suave. El segundo conserva, en general, su naturaleza crujiente incluso después de batirlo. El cacao tostado en polvo es un producto diferente y, aunque también es beneficioso, no ofrece el mismo nivel de nutrientes, especialmente de antioxidantes.

Beneficios: el cacao tiene una increíble cantidad de beneficios. Se encuentra dentro de los superalimentos más ricos en minerales, contiene calcio y hierro y se ha ganado el título de ser el alimento más rico en magnesio. Se considera que tiene propiedades energizantes, que puede mejorar el ánimo debido a su efecto suavemente estimulante para el sistema nervioso central y que aumenta los niveles de serotonina en el cerebro (la serotonina es una sustancia química que contribuye a sentirse bien y promueve el optimismo, la salud emocional, el sueño reparador y muchas cosas más). El cacao no tiene parangón en cuanto a sus niveles de antioxidantes. Tiene un valor ORAC (siglas en inglés de «capacidad de absorción de radicales de oxígeno», que es la unidad utilizada para medir los antioxidantes) de 95.000 por cada 100 gramos, prácticamente el doble que el valor del acai en polvo. ¡Asombroso! Rico en polifenoles, que contribuyen a reducir los niveles de colesterol malo y son beneficiosos para combatir las enfermedades cardíacas, puede incluso ayudar a proteger la piel contra las inflamaciones. La pregunta es: ¿hay algo que el cacao no sea capaz de hacer?

Cantidad necesaria para una ración: dos cucharadas y media de cacao en polvo o dos cucharadas de cacao descascarillado.

Sustitutos: utiliza cacao tostado biológico, cn vez de cacao en polvo (asegúrate de que no contiene aditivos). La cantidad de antioxidantes presentes en el cacao tostado es notablemente inferior a la del cacao en polvo.

Bayas de camu

Considero que las bayas de camu son los arándanos de Sudamérica. Crecen en terrenos inundables, tienen un aspecto similar (aunque el color del camu es más claro) y un intenso sabor ácido. Con su color marrón pálido y su característico amargor, el polvo de bayas de camu es como el patito feo del mundo de los superalimentos en polvo; sin embargo, sus beneficios son tan concentrados que una sola pizca aporta más vitamina C a un batido que una píldora. El polvo de bayas de camu es un superalimento que

recomiendo insistentemente; puedes añadirlo prácticamente a cualquier cosa. Y como solo se utiliza una cucharadita (¡o incluso una cuarta parte!), incluso el envase más pequeño te durará mucho tiempo. Cuando preparo batidos en casa, suelo reforzarlos con un poco de camu... Este producto entra en la categoría «¿por qué no?» de los superalimentos.

Comprar camu: en Sudamérica es posible conseguir las bayas frescas o incluso el zumo. Para los que no vivimos allí, lo más sencillo es comprar bayas de camu en polvo. Es fácil de usar y almacenar, pero debes asegurarte de que sea 100% biológico.

Beneficios: las bayas de camu son la primera fuente natural de vitamina C. ¡Una sola cucharadita contiene casi el 1.200% de la IDR! Esto convierte al camu en un superalimento que potencia la inmunidad de una forma muy efectiva, además de ser un producto excelente para la piel y la belleza y un magnífico agente antiinflamatorio, antiviral, antibacteriano y antimicótico.

Cantidad necesaria para una ración: media cucharadita de polvo puro de bayas de camu.

Sustitutos: las bayas de camu en polvo se usan solamente por su contenido en vitamina C. Sin embargo, las recetas incluyen cantidades tan pequeñas que si no tienes camu en casa, lo más sencillo será no reemplazarlo por ningún otro ingrediente. Si quieres un aporte extra de vitamina C, hay otros superalimentos que contienen fuentes concentradas de dicha vitamina, como el escaramujo y el cupuazú (no son necesarios para las recetas incluidas en este libro y por ese motivo no hablaré de ellos), las frutas cítricas y los arándanos.

Semillas de chía

Si pestañeas, puedes perderlas de vista porque son más pequeñas que las semillas de sésamo; en realidad, son una de las semillas comestibles más pequeñas que existen. Este alimento tradicional de los incas procede de una planta originaria de América Central y fue considerada como un alimento energético esencial durante siglos. Ya era hora de que la chía empezara a ser reconocida y popular, especialmente entre los atletas, los profesionales de la salud y los dietistas. Casi insípida, es como una brisa fresca para los batidos pues tiene prácticamente todo lo que puedes soñar.

Más allá de los beneficios para la salud que he mencionado brevemente, la chía tiene una propiedad adicional muy singular que la convierte en un superalimento muy valioso para los batidos: el mucílago. El mucílago es un compuesto que se encuentra en las plantas cuya función es ayudarlas a retener el agua, y resulta que las semillas de chía contienen una exorbitante cantidad. De hecho, son capaces de retener entre ocho y nueve veces su peso en agua cuando se ponen en remojo durante solo quince minutos. Como en un extraño experimento de ciencias, las semillas se hinchan y forman una capa protectora en torno a sí mismas que es semejante a una jalea, lo que las hace parecer un grano de tapioca en miniatura. Debido a esta característica, las semillas de chía son un excelente agente espesante para los batidos y tienen la ventaja de no aportar muchas calorías. Además, son totalmente digeribles, por lo cual se pueden añadir al batido tal cual son, lo que significa que no necesitas molerlas y consumir el polvo resultante para aprovechar sus beneficios. Puedes preparar un gel de chía (ver las instrucciones más adelante) para añadirlo a tu batido inmediatamente, o añadir semillas de chía secas a la mezcla de la batidora y dejarlas enfriar durante media hora para que produzcan su magia en forma de gel. Por ser insípidas, las

CÓMO PREPARAR GEL DE CHÍA

Una forma inteligente de aumentar la consistencia de los batidos, reducir las calorías y potenciar el contenido de superalimentos es añadir gel de chía. Cuando las semillas de chía se combinan con líquido, absorben el agua que las rodea para formar una sustancia parecida a la jalea, que se conoce comúnmente como «gel de chía». La textura de estas pequeñas «bolas» es sumamente agradable al contacto con la lengua, pero no se debe batir demasiado la mezcla para no arruinar ese efecto. Por esta razón, debes añadir el gel de chía cuando el batido esté listo y luego batirlo muy brevemente una vez más para que se mezcle bien con el resto de los ingredientes.

PARA PREPARAR EL GEL:

Mezcla dos tazas de agua con 4 cucharaditas de semillas de chía para obtener 2 ½ tazas de gel. Deja reposar durante 15 minutos. Mezcla otra vez y luego deja reposar la mezcla durante 15 minutos para que las semillas se hinchen al máximo. El gel de chía se conservará alrededor de una semana en la nevera.

Prácticamente insípido, la consistencia del gel de chía se puede alterar modificando la cantidad de semillas utilizadas (si quieres un gel más espeso, necesitarás más semillas y para conseguir una textura más delicada, deberás usar menos cantidad). Para obtener mejores resultados utiliza un frasco o un recipiente hermético para agitar la chía y el agua vigorosamente en vez de mezclarlas a mano. Si las semillas no se mezclan bien, se formarán pequeños y desagradables grumos. Otra ventaja de utilizar un frasco hermético es que podrás guardar el gel de chía en la nevera.

VARIACIONES SABORIZADAS

Aunque las semillas de chía no se utilizan en las recetas presentadas en este libro, puedes remojarlas en diversos líquidos para crear gel de chía de sabores diferentes. Combínalas con zumo de manzana o uva, o con kombucha, para crear variaciones divertidas de tus recetas de batidos favoritas.

semillas de chía son un superalimento estrella que permite un sinfín de posibilidades para los batidos.

Variedades: existen dos variedades de semillas de chía que se pueden encontrar actualmente en el mercado. Las semillas de chía marrones, cuyo color puede variar del marrón oscuro al gris o blanco, y las semillas de chía blancas, que se consideran una reliquia. Ambas son prácticamente idénticas en cuanto a su sabor y su perfil nutricional; puedes utilizar cualquiera de ellas.

Comprar semillas de chía: es muy fácil encontrarlas enteras, aunque también hay polvos de chía e incluso polvos de chía germinada. Todos ellos son productos maravillosos que se pueden usar de forma intercambiable. Si lo que deseas es probar la textura del gel, te aconsejo usar las semillas, pero si no quieres detectar su sabor en tu batido, es preferible que las utilices en polvo.

Beneficios: la chía es un verdadero portento nutricional. Es un producto muy conocido por sus grasas saludables, su alto contenido en fibra y sus antioxidantes, pero quizás sus atributos se aprecien mejor al compararla con otros alimentos. Además de incluir infinidad de proteínas y minerales, contando gramo por gramo la chía contiene ocho veces más ácidos grasos omega 3 que el salmón, cinco veces más calcio que la leche, tres veces más hierro que las espinacas y tres veces más antioxidantes que los arándanos. Esta mágica combinación de ricos nutrientes digeribles y bajas calorías, junto con la sensación de saciedad que produce, la convierte en un alimento muy dinámico para

perder peso, conseguir energía sostenible y potenciar la longevidad.

Cantidad necesaria para una ración: dos cucharadas de semillas de chía o una cucharada y media de chía en polvo.

Sustitutos: es posible usar semillas de lino molidas para reemplazar las de chía en una proporción 1:1. Sin embargo, aunque las semillas de lino molidas ayudan a espesar los batidos, no llegan a conferirles la misma textura que les proporciona el gel de chía (no me refiero a los granos minúsculos semejantes a la tapioca, sino a esa sustancia viscosa que se parece a la jalea).

Superalimentos ricos en clorofila

La clorofila es un pigmento que da a las plantas su color verde; se trata de moléculas que captan la energía solar y la convierten en energía por medio de la fotosíntesis. Esta energía pasa a nuestro organismo cuando consumimos hortalizas verdes que, gracias a este proceso, constituyen un secreto esencial para mantenerse joven y activo. No me atrevería a afirmar que *no* es posible llegar a ingerir una excesiva cantidad de hortalizas, pero digamos que realmente costaría mucho trabajo conseguirlo. Para los que queremos consumir más verduras, los batidos son una solución ideal para tomarlas sin tener que limitarnos a vivir de ensaladas, y, para hablar francamente, también para que pasen desapercibidas. Los batidos «verdes» empiezan a ser muy populares como una forma práctica y ventajosa de introducir en la dieta una mayor cantidad de este importante grupo de alimentos que son las hortalizas; en la página 108 encontrarás una sección entera dedicada al color verde de los batidos. Pueden ser verdes, ¡pero saben increíblemente bien!

Variedades: además de las hortalizas frescas de hoja (como la lechuga, la col rizada o los berros) y las de color verde oscuro (como el brócoli o el pepino con piel) que puedes encontrar en la sección de frutas y verduras, también hay concentraciones extraordinarias de nutrientes en diferentes hierbas (por ejemplo, la hierba de trigo o de cebada) y en los germinados (como los brotes de trébol o de girasol, con un sabor suave).

Comprar superalimentos ricos en clorofila: elige hortalizas crujientes y frescas, que son menos fibrosas y tienen un sabor más delicado. Las hojas que estén un poco viscosas deben descartarse de inmediato porque pueden contener bacterias.

Ahora es fácil conseguir mezclas de hortalizas en polvo que son realmente prácticas, por ejemplo polvo de hierba de trigo liofilizado (es mi preferido) u otras que pueden contener hasta veinte tipos de hortalizas verdes. Cada variedad de polvo tiene un sabor ligeramente diferente, de modo que puedes utilizar los que más te gusten, pero lee la lista de componentes para ver si encuentras alguno que sea dudoso. Las hortalizas verdes congeladas también son una opción ideal para los batidos (ver la página 108) y se pueden almacenar muy bien durante mucho tiempo. Si quieres una inyección de clorofila que no tenga sabor, prueba un concentrado de clorofila que, por lo general, se prepara con alfalfa u ortiga. Por último, otra alternativa maravillosa es el zumo verde puro 100% vegetal. Se trata de una opción ideal para cualquier batido de frutas; sin embargo, no se incluye en las recetas de este libro porque no es muy fácil encontrarlo.

Beneficios: las hortalizas contienen ingentes cantidades de vitaminas y minerales, y en muchos sentidos son un complejo multivitamínico natural. A menudo son especialmente ricas en vitamina C, vitamina E, betacaroteno, ácido fólico y hierro, además de ser una de las mejores fuentes de calcio, por nombrar únicamente algunos de sus beneficios nutricionales. Consumir una abundante cantidad de clorofila ayuda a desintoxicar y limpiar el organismo gracias a sus propiedades antioxidantes, favorece la buena circulación y la energía general y equilibra el pH, un valor que es necesario corregir con frecuencia debido a que las dietas imperantes en la sociedad moderna tienden a acidificar el organismo. Un beneficio que se suele pasar por alto es su contenido en proteínas. Existen muchas hortalizas que también cubren nuestras necesidades de aminoácidos esenciales y que incluyen una excepcional cantidad de proteínas en relación con su bajo contenido en calorías; por ejemplo, el brócoli y las espinacas proporcionan en torno a unos 5 gramos de proteínas por taza.

Cantidad necesaria para una ración: una taza (colmada) de hortalizas de hoja, media taza de brotes germinados, de media a una taza de hierba de trigo o cebada en polvo. Utiliza los polvos concentrados de hortalizas según las indicaciones del envase.

Sustitutos: una ración de polvo concentrado puede reemplazarse por una ración de hortalizas frescas, y viceversa. La mayoría de las verduras pueden intercambiarse fácilmente, pero debes tener en cuenta que algunas tienen un sabor «verde» más intenso que otras. (Lo mismo puede decirse de los polvos de hortalizas; algunos son prácticamente insípidos mientras que otros tienen un sabor que recuerda al brócoli. Puedes ver algunas recomendaciones en la guía de recursos de la página 224). Por ejemplo, si le añades al batido una taza de lechuga romana, prácticamente no notarás su sabor; sin embargo, con toda seguridad serás capaz de detectar el sabor de una taza de col rizada. Si quieres que el sabor sea lo más suave posible, utiliza hierba de trigo en polvo; para obtener un sabor fresco, pero casi indetectable, puedes optar por las espinacas tiernas frescas.

Semillas de lino

Estas pequeñas semillas, resistentes y brillantes, han formado parte de la dieta humana durante siete mil años. Cuando se usan en pequeñas cantidades, su suave sabor a frutos secos queda en segundo plano. Aunque están llenas de importantes propiedades, son inesperadamente baratas y muy convenientes para todos los que pretenden aumentar el valor nutricional de un batido de una manera fácil y rápida. Para aprovechar los beneficios del lino es preciso moler las semillas antes de consumirlas porque, de lo contrario, atraviesan el cuerpo sin ser digeridas. Si tienes una batidora de gran potencia, solo tendrás que añadirlas enteras a tu batido; pero muélelas antes si no tienes demasiada confianza en tu batidora (en todas las recetas que incluyen lino lo he utilizado molido). Puedes comprar las semillas en polvo o molerlas en casa en un molinillo de café o de especias; de esta forma las consumirás más frescas.

Variedades: existen dos variedades de lino, el marrón y el dorado. Puedes usar cualquiera de ellas porque sus índices nutricionales son muy semejantes.

Comprar semillas de lino: si lo que quieres es comprar lino en polvo, te recomiendo que sea de la mejor variedad que haya en el mercado, es decir, polvo de semillas de lino germinadas. La semilla adquiere un gran valor nutricional a través del proceso natural de germinado. También puedes comprar lino en polvo normal, pero te aseguro que es más rentable adquirir las semillas enteras (puedes comprarlas a granel) y molerlas tú mismo a medida que las necesites. Los delicados aceites de las semillas de lino se descomponen fácilmente, por lo que hay que guardarlas en la nevera o en el congelador.

Beneficios: las semillas de lino son una de las mejores fuentes de ácidos grasos esenciales, ayudan a mantener el cerebro sano, actúan como agentes antiinflamatorios y son excelentes para la salud del corazón y de las articulaciones. El lino es rico en vitamina E y también en unos compuestos denominados lignanos, que ayudan a equilibrar los niveles hormonales. Todo ello contribuye a hacer del lino un excelente alimento que combate el síndrome premenstrual. Además, con un contenido aproximado del 30% de fibra dietética, es ideal para la salud del colon.

Cantidad necesaria para una ración: dos cucharadas de semillas de lino enteras o una cucharada y media de lino en polvo (germinado o normal).

Sustitutos: el lino se puede reemplazar por semillas de chía o polvo de semillas de chía en una proporción 1:1.

Bayas de goji

Las bayas de goji se han usado en la medicina china durante miles de años; a menudo se las conoce como «fruta de la longevidad». Son

principalmente dulces, aunque con un ligero sabor agrio y recuerdan a una mezcla de uvas y arándanos. Tradicionalmente, se han utilizado en bebidas, especialmente en infusiones, y su suave sabor las convierte en un superalimento que se puede añadir fácilmente a los batidos, ya que combinan bien con cualquier fruta o verdura, e incluso con ingredientes muy sustanciosos, como son el chocolate y los frutos secos. Algunas frutas, como los cítricos y el mango, realzan el sabor de las bayas de goji, pero si estás interesado principalmente en sus beneficios, puedes añadir algunas cucharadas de estas bayas a prácticamente cualquier batido. Por lo general se comercializan y utilizan secas (ver la foto, razón por la cual su alta concentración de nutrientes se intensifica aún más; un buen puñado de bayas de goji es todo lo que necesitas para disfrutar de sus propiedades.

Comprar bayas de goji: como ya he dicho, la forma más popular son las bayas de goji secas. Debes asegurarte de comprar las que tengan certificación de producto biológico (cuando se cultivan de forma convencional son tratadas con grandes cantidades de pesticidas) y nunca compres bayas azucaradas ni las que tengan aditivos o conservantes. También puedes conseguirlas en polvo, en forma de zumo pasteurizado y congeladas en tiendas de alimentación sana; todos ellos son ideales para añadir a los batidos. Para preparar las recetas que presento en este libro, utilizarás exclusivamente bayas de goji secas, no solo por su sabor sino también porque son más fáciles de encontrar. Debes comprar las que tengan un color rojo intenso, y nunca las de color marrón. Las que son de buena calidad pueden masticarse; si están demasiado duras, seguramente están secas o son viejas. Si las compras en bolsa, no te olvides de comprobar la fecha de caducidad.

Beneficios: las bayas de goji son increíblemente equilibradas; contienen todos los macronutrientes principales (proteínas completas, grasas y carbohidratos) y más de veinte vitaminas y minerales. Cada vez se hacen más investigaciones sobre este superalimento: en los ensayos clínicos han demostrado ser buenas para la vista (incluso protegen contra la degeneración macular y las cataratas), colaborar con el sistema inmunitario, mejorar la memoria (son útiles en la lucha contra la enfermedad de Alzheimer) y actuar como un potente agente anticancerígeno.

Cantidad necesaria para una ración: tres cucharadas de bayas de goji secas, o unos 30 gramos.

Sustitutos: una ración de bayas de goji secas se puede reemplazar por una ración de bayas en otro tipo de presentación (en polvo, zumo o congeladas). Aunque no son tan beneficiosas para la salud, también puedes sustituirlas por uvas pasa o moras secas en una proporción 1:1.

Semillas de cáñamo

Las semillas de cáñamo son un cultivo versátil y sostenible de la misma familia botánica que las moras. Se cosechan de la planta *Cannabis sativa*, un pariente industrial de la marihuana que no contiene THC. Estas semillas pequeñas y doradas tienen un minúsculo filamento verde lleno de clorofila en su interior. Cuando se añaden a los batidos, les otorgan una consistencia extraordinariamente cremosa. Solo tienes que batir el agua y las semillas de cáñamo (usa alrededor de tres cucharadas de semillas por cada taza de agua) hasta conseguir una delicada «leche» de cáñamo; eso es precisamente lo que sucede cuando las incorporamos a un batido.

Las semillas de cáñamo contienen una gran cantidad de proteínas vegetales y por ello se venden también en forma de polvo refinado, que es un concentrado de proteínas. Llamado simplemente «polvo de proteínas de cáñamo» o, en algunas ocasiones, solo «polvo de cáñamo», este producto varía enormemente. El sabor de algunos polvos es terroso y arenoso, razón por la cual pueden utilizarse únicamente cuando se enmascaran en el interior de un batido muy cremoso o muy frío. Otros son más refinados y tienen un sabor a frutos secos que facilita su utilización (ver la guía de recursos de la página 224 para saber cuál es el polvo de proteínas de cáñamo que yo utilizo, el más suave que he podido encontrar). Independientemente de que utilices polvo de proteínas o semillas, los batidos que mejor combinan con estos ingredientes son los que contienen otros productos cremosos u oleaginosos, como los frutos secos, el plátano y el cacao. Las semillas de cáñamo pueden mezclarse ocasionalmente con fruta, siempre que se use una cantidad mínima de semillas.

Variedades: el cáñamo comestible es el único tipo de cáñamo que se comercializa en las tiendas de alimentación; te aseguro que no hay peligro de que compres semillas de marihuana accidentalmente.

Comprar semillas de cáñamo: al adquirir semillas de cáñamo para tus batidos, asegúrate de que son naturales, están descascarilladas y no contienen sal. Si compras polvo de proteínas, mira el envase y descarta el producto si contiene aditivos. Aunque ya sabemos que siempre es importante apoyar la agricultura biológica, me parece importante destacar que el cáñamo es un cultivo muy resistente y prácticamente no necesita plaguicidas.

Beneficios: las semillas de cáñamo son una de las mejores fuentes de proteínas del planeta y contienen los ocho aminoácidos esenciales. El cáñamo se digiere fácilmente y está más cerca de los niveles alcalinos en la escala del pH que la mayoría de las otras fuentes de proteínas sólidas, excepto las hortalizas. Los polvos de proteínas de cáñamo tienen una concentración de 15 a 21 gramos de proteína por cada tres cucharadas; las semillas, en torno a 5 gramos por cada dos cucharadas. Además, las semillas son una fuente maravillosa de ácidos grasos esenciales y contienen una abundante cantidad de ácidos omega 3 —beneficiosos para el corazón y la piel— y también de AGL (ácido gama linoleico), que puede contribuir al equilibrio hormonal. Echar más cáñamo en tus batidos es una forma excelente de consumir más minerales, especialmente hierro, magnesio y zinc.

Cantidad necesaria para una ración: tres cucharadas de semillas y dos o tres cucharadas de polvo de proteínas.

Sustitutos: puedes utilizar semillas de girasol (aunque no son tan beneficiosas) en lugar de las de cáñamo porque tienen un sabor similar. Otra alternativa para reemplazar el polvo de proteínas de cáñamo puro es el polvo de proteínas de arroz o cualquier mezcla de proteínas en polvo que prefieras, aunque debes saber que muchas marcas utilizan mezclas saborizadas que afectan al resultado final de la receta.

Maca

La maca es una raíz gruesa parecida al rábano, relacionada con la familia de la mostaza y originaria de los picos remotos de los Andes peruanos de la región de Puna, al sur del Perú, la región agrícola del mundo que está a mayor altitud. Es cultivada por los indígenas andinos en los inusuales parajes y condiciones que parece preferir: paisajes rocosos y áridos, sol intenso, vientos fuertes y constantes y fluctuaciones drásticas de las temperaturas diarias, que a menudo descienden a bajo cero al ponerse el sol. Como es evidente, la maca es una planta increíblemente fuerte y resistente. No es que se las apañe para soportar condiciones climáticas extremas; realmente las necesita para desarrollarse.

En América del Norte, la maca se vende normalmente en forma de polvo y tiene un característico sabor malteado y terroso, que puede parecer acaramelado o recordar al rábano, dependiendo del sabor de los alimentos a los que acompañe. Es un ingrediente muy potente que rara vez pasa desapercibido. Es mejor utilizarlo en batidos cremosos con bases de semillas o frutos secos, aunque combina bien con frutas muy dulces, como el plátano y los dátiles. Sin embargo, la mayoría de las frutas no son compatibles con su sabor, y también hay que decir que puede alterar el sabor de los batidos vegetales. Hay una pequeña zona de sombras en la capacidad de la maca para conferir al batido un sabor delicioso o, por el contrario, francamente extraño.

Variedades: la maca tiene diferentes colores: rojo, amarillo, púrpura y negro. Algunos creen que cada variedad produce un efecto ligeramente diferente sobre el cuerpo; no obstante, hay muy pocas evidencias científicas que apoyen actualmente esta afirmación. Pero lo más importante no es el color, sino que el polvo de maca sea puro, biológico y de gran calidad (de hecho, la mayoría de las marcas que la comercializan no mencionan en absoluto el color). Mi recomendación (que encontrarás en la guía de recursos de la página 224) es utilizar una mezcla de maca peruana biológica de diferentes colores para tener la certeza de que vamos a aprovechar la mayor parte de sus beneficios.

Comprar maca: se comercializa en tres formas diferentes y puedes elegir cualquiera de ellas. La primera es un polvo de maca puro, compuesto sencillamente por raíz de maca entera secada al sol y molida a bajas temperaturas hasta convertirla en un polvo fino de color caramelo. Esta es la forma más pura y la más común fuera de las regiones donde se cultiva. El segundo tipo es el polvo gelatinizado (una forma elegante de denominar al concentrado de maca), más potente que el polvo puro porque se ha eliminado la fibra —que es rica en fécula y que a mucha gente le resulta difícil digerir—. Prefiero usar la maca de esta forma debido a su potencia, aunque entre ambos tipos de polvo no hay diferencias importantes de sabor. La última opción son las tinturas y las cápsulas, pero no son aconsejables para quienes quieran utilizar la maca como un producto alimenticio.

Beneficios: la maca es un alimento verdaderamente energético. Para comprender todos sus beneficios debemos reconocer su función como poderoso adaptógeno que nos ayuda a equilibrar el estrés y a conservar dicho equilibrio. Las investigaciones demuestran que los compuestos adaptogénicos de la maca ayudan directamente a las glándulas adrenales a mantener el equilibrio hormonal y mejorar la energía, sin tener propiedades estimulantes. Tanto el sistema endocrino (que transporta el oxígeno a través de la sangre promoviendo la producción de neurotransmisores sanos) como la tiroides (que influye sobre la fuerza y la resistencia de nuestro organismo) se benefician de este superalimento. La maca se ha utilizado para mejorar muchas condiciones, como la fatiga crónica, la anemia o la falta de libido. Puede ayudar a reducir la ansiedad y el estrés y tiene además la reputación de promover la fertilidad. Es rica en un amplio espectro de minerales esenciales, incluyendo hierro, yodo, calcio, magnesio, fósforo, potasio, zinc, selenio y muchos más; también contiene dosis sanas de varias vitaminas (B_1, B_2, C y E) y de aminoácidos, y es una fuente notable de un conjunto de esteroles vegetales que potencian el sistema inmunitario y han demostrado ser muy útiles para reducir los niveles de colesterol. Ayuda a normalizar hormonas como la testosterona, la progesterona y los estrógenos y se ha comprobado que es capaz de aumentar la libido en un 180%. Un dato interesante es que la maca puede retener gran parte de su valor nutricional incluso tras varios años de almacenamiento, a diferencia de la mayoría de las plantas, que pierden sus nutrientes poco tiempo después de la cosecha. En muchos sentidos, la maca es realmente una «planta superviviente».

Cantidad necesaria para una ración: la mayoría de las personas obtienen sus beneficios tomando alrededor de una cucharada de polvo de maca al día, aunque se puede tomar mayor o menor cantidad según las necesidades individuales. Si nunca has utilizado maca, es mejor empezar con una cucharadita diaria y aumentar la dosis a medida que te habitúes a ella. La maca es un superalimento muy poderoso y tomarla en cantidades excesivas no necesariamente incrementa sus beneficios.

Sustitutos: existen otras hierbas que tienen beneficios adaptogénicos (como por ejemplo, la sagrada albahaca) pero no son tan adecuadas para los batidos. Desde el punto de vista del sabor, la maca es difícil de reemplazar. A pesar de ello, es posible sustituirla por polvo de mezquite o de algarroba. En realidad, no hay un sustituto real para la maca, pues es una clase única de superalimento.

Bayas de maqui

Frecuentemente llamadas los «arándanos de los bosques tropicales», las pequeñas bayas azules de maqui crecen prolíficamente en algunas zonas de Sudamérica. Tienen un color brillante e intenso y pueden conseguir que un batido de color pálido se convierta en una bebida de un sorprendente color violeta que parece resplandecer. Su sabor es tan suave, especialmente cuando se las utiliza secas, que algunas personas afirman que no son capaces de distinguirlo. Desde el punto de vista de los batidos, es un ingrediente muy versátil que puede añadirse prácticamente a cualquier mezcla.

Comprar bayas de maqui: esta planta se oxida muy rápidamente, así que es preciso tener mucho cuidado durante el procesado comercial para conservar sus nutrientes. Por este motivo, para conseguir una nutrición óptima, la mejor opción es adquirir polvo de bayas de maqui liofilizado. Las bayas se recogen, se exprimen, se muelen y, posteriormente, se liofilizan (un proceso de secado que utiliza temperaturas muy frías para extraer la humedad sin deteriorar los nutrientes). Con este método, sus nutrientes quedan en suspensión hasta que vuelven a entrar en contacto con el agua… ¡o se incluyen en un batido!

Beneficios: la fama de estas bayas se debe a que contienen niveles más altos de antioxidantes que cualquier otra fruta investigada hasta el momento y a su rico contenido en antocianinas, que es incluso superior al del acai. Esto las convierte en un arma excepcional para cualquier arsenal antienvejecimiento, pues ayuda a neutralizar los radicales libres y promueve una circulación sanguínea sana. Contienen también muchas vitaminas, en especial vitamina C, y presentan un contenido muy bajo de azúcares.

Cantidad necesaria para una ración: dos cucharaditas de polvo de maqui.

Sustitutos: las bayas de maqui tienen un sabor tan suave que sustituirlas podría obedecer más al deseo de modificar alguno de sus increíbles beneficios que a enmascarar su sabor. Puedes reemplazarlas por bayas de acai, aunque estas no son tan ricas en antioxidantes (a menudo pienso en las bayas de acai y de maqui como si fueran hermanas, a pesar de que botánicamente no lo son). Los arándanos también pueden utilizarse como una especie de maqui del «hombre pobre» (hablando en términos nutricionales). Si los comparamos gramo por gramo, contienen aproximadamente una décima parte de los antioxidantes presentes en las bayas de maqui.

Moras

Yo soy de California, así que imagina mi sorpresa, y mi envidia, cuando durante un viaje a la Costa Este para dar algunas conferencias sobre superalimentos oí a muchas personas decir innumerables veces: «Tengo moras en el jardín de casa». Me parece innecesario decir que si tienes moras en tu jardín, debes ponerte muy contento y utilizarlas en tus batidos. Pero también puedes meterlas en tu deshidratador de alimentos (si no lo tienes, dáselas a un amigo que tenga uno en casa y luego compartid el botín); luego solo tienes que secarlas suavemente y tendrás a mano unas moras superdulces durante todo el año. ¡Qué afortunado eres!

Las moras son parecidas a las zarzamoras y su color es púrpura oscuro o blanco. Tienen un sabor suave y ligeramente dulce cuando están frescas, que se realza increíblemente cuando están secas. Muchas personas incluyen las moras frescas en la ambivalente categoría de «tómalo o déjalo»; sin embargo, las secas tienen un público de acérrimos admiradores obsesionados por ellas (entre los que me incluyo). Dejando a un lado sus increíbles beneficios, las moras son uno de mis ingredientes secretos favoritos para los batidos porque añaden un dulzor que se complementa maravillosamente bien con cítricos, otras bayas o vainilla. Ten en cuenta que si dejamos reposar un batido que contiene una buena cantidad de moras secas (o cualquier otra fruta seca) durante un cierto periodo de tiempo, se espesa sustancialmente porque la fruta se hincha a medida que vuelve a hidratarse lentamente. En consecuencia, es más conveniente añadir moras a los batidos que se van a consumir antes de que pase una hora.

Comprar moras: las moras frescas están en el mercado durante un breve periodo de tiempo en algunas zonas del país, pero su sabor no es el más conveniente para los batidos. Sin embargo, las secadas al sol son una maravilla cuando se mezclan con otros alimentos naturales. Intenta comprar moras turcas biológicas, que son de color blanco, porque son las más dulces.

Beneficios: las moras son una de las mejores fuentes naturales de resveratrol, un poderoso y raro antioxidante que ha demostrado combatir el envejecimiento, mejorar la salud cardiovascular y promover la circulación. También son una fuente excelente de fibra y un dulce placer con beneficios reales, ¡incluso contienen proteínas!

Cantidad necesaria para una ración: tres cucharadas de moras secadas al sol (alrededor de 30 gramos).

CÓMO ALMACENAR LOS SUPERALIMENTOS

Dado que estás invirtiendo dinero en ingredientes de primera calidad, no dejes que se echen a perder. He aquí algunos consejos para mantener los superalimentos de primera calidad en las mejores condiciones:

Frutas secas (como bayas de goji y moras): guardarlos en recipientes de vidrio, preferiblemente de boca ancha (la fruta puede absorber los sabores del plástico cuando se almacenan durante un tiempo prolongado), y en un sitio seco y oscuro.

Hortalizas frescas y germinados (como las espinacas y las semillas de girasol germinadas): guardar siempre las hortalizas frescas en el cajón de las verduras de la nevera. Eliminar toda la humedad posible antes de guardarlas; no lavar las hortalizas por anticipado, a menos que luego se sequen completamente usando una centrifugadora de ensaladas.

Semillas, frutos secos y polvo de acai (ingredientes que contienen grasas sanas): guardarlos en recipientes herméticos (también en este caso prefiero los de boca ancha) en la nevera o el congelador para prolongar su vida útil.

Polvos de superalimentos (como el cacao, la maca o los polvos verdes): mantenerlos en recipientes secos y herméticos (mejor si son de vidrio). La mayoría de los polvos se pueden guardar a temperatura ambiente, preferiblemente alejados de la luz solar directa y en un sitio seco.

¿Cuál es la mejor forma de guardar los ingredientes de los batidos de superalimentos? Ante la duda, es mejor conservarlos en frascos herméticos y congelarlos. Si se guardan siguiendo las recomendaciones, muchos superalimentos seguirán estando en buenas condiciones mucho después de la fecha aconsejada para su consumo.

Sustitutos: las moras se pueden sustituir por uvas o dátiles en una proporción de 1:1, aunque no pueden igualar su contenido en resveratrol.

Frutas del bosque

¿Te gustan las bayas? Magnífico, eso significa que eres un amante de los superalimentos. Las bayas eran recolectadas por nuestros antecesores más antiguos pero solo se cultivan desde hace unos pocos cientos de años. Ahora existen miles de especies y variedades locales de bayas: hay cientos de tipos solamente de zarzamoras. Las bayas se encuentran entre los superalimentos locales con mayor concentración de nutrientes, y los batidos te permiten incluirlas en tu dieta de manera habitual más fácilmente que nunca. Puedes añadir un puñado de bayas a cualquiera de tus batidos sin altcrar su sabor y a menudo realmente lo realzan. Acaso las frutas del bosque sean el superalimento más fácil de incorporar a tu dieta; pueden ser un excelente primer paso para adoptar un estilo de vida que incluya los superalimentos.

Variedades: las frutas del bosque se encuentran entre los pocos superalimentos realmente autóctonos de América del norte. Las recetas de este libro utilizan variedades comunes: fresas, arándanos, zarzamoras, frambuesas. Dicho esto, solo cabe añadir que es muy grato incorporar selecciones de bayas tradicionales y regionales en los batidos. Durante el verano, busca estas maravillosas gemas (como las frambuesas blancas o negras, los arándanos rojos y las grosellas espinosas) en los mercadillos de agricultores locales o en los puestos junto a la carretera. Y si tienes la fortuna de tenerlas en tu propio jardín, este es el momento de cosecharlas.

Comprar bayas: me encantan las bayas frescas, igual que a muchas otras personas, pero rara vez las utilizo en los batidos por las siguientes tres razones: primero, son caras (especialmente teniendo en cuenta que se necesitan alrededor de una o dos tazas de bayas frescas); segundo, se echan a perder rápidamente, y tercero, como muchas otras personas, no puedo evitar llevármelas a la boca directamente de la cesta mientras cruzo la cocina en dirección a la batidora. Las bayas congeladas son mucho más baratas (cuestan aproximadamente la mitad), suelen ser «más frescas» que las que están en las estanterías de las tiendas y, como se las congela inmediatamente después de la cosecha, duran mucho más tiempo en la nevera. Por estos motivos, las recetas de este libro incluyen únicamente bayas congeladas. Te sugiero que las tengas siempre en casa porque te apetecerá preparar un batido cada vez que abras la puerta del congelador. Debes asegurarte de comprarlas biológicas porque, desafortunadamente, las bayas se encuentran entre los cultivos que más se pulverizan con plaguicidas (aparentemente no somos las únicas criaturas que aman las bayas). Aunque no se usan en las recetas que presento aquí, las bayas liofilizadas pueden ser otra opción (en especial para los batidos) porque retienen la mayoría de sus nutrientes y aportan un sabor especialmente concentrado. Puede ser divertido experimentar con ellas para potenciar los batidos, aunque finalmente resulten más caros que los que se preparan con bayas congeladas normales.

Beneficios: los beneficios nutricionales de las bayas son mayores cuando están crudas, y los batidos suelen ser el vehículo perfecto para consumirlas. Las bayas actúan como pequeñas unidades de almacenamiento de vitaminas (en particular, vitaminas C y A) y contienen mayores niveles de antioxidantes que cualquier otra fruta. Potencian el sistema inmunitario, tienen propiedades antienvejecimiento y antiinflamatorias y son una excelente protección contra las enfermedades.

Cantidad necesaria para una ración: una taza de bayas.

Sustitutos: aunque las recetas se han concebido pensando generalmente en el sabor singular de una baya específica, suele ser muy sencillo sustituir los diferentes tipos de frutas del bosque, de manera que tienes toda la libertad para intercambiarlas.

Granada

Se trata de una fruta verdaderamente antigua que no deja de sorprendernos y forma parte de historias mitológicas. Su aspecto exterior es una esfera de color rojo intenso y en su interior esconde pequeños granos jugosos y rojos como el rubí, con un sabor delicado y suavemente agrio. La semilla comestible que hay en el interior de cada «gema» ofrece un sabor que recuerda ligeramente a los frutos secos. Si dispones de una batidora de gran potencia, es muy conveniente utilizar en los batidos las semillas de granada enteras a pesar de que son un poco crujientes. Sin la ayuda de un motor potente y unas cuchillas consistentes, no conseguirás desmenuzarlas y las encontrarás enteras en tu batido. Por esta razón en las recetas de este libro solo he utilizado zumo de granada, pues es más fácil de conseguir y de utilizar (¿has abierto alguna vez una granada? Te aconsejo que no lleves ropa de color blanco cuando lo hagas) y más adecuado para la batidora. La granada tiene un agradable sabor agrio cuando se mezcla con otras frutas, especialmente si son bayas o cítricos.

Comprar granadas: lo ideal es el zumo de granada fresco que no esté rebajado con otros zumos de fruta y que no contenga azúcares añadidos; seguramente se hallará en la sección de productos refrigerados de tu supermercado. Si no puedes encontrarlo, la siguiente mejor opción es comprar zumo puro de granada de larga duración, también sin azúcares añadidos.

Beneficios: la granada es uno de los superalimentos que más se han investigado, una superestrella de los beneficios nutricionales. De acuerdo con los estudios, beber un vaso de zumo de granada cada día puede protegernos contra las enfermedades del corazón, el cáncer y la osteoartritis. La granada contiene tres veces la cantidad de antioxidantes presentes en el vino tinto y el té verde y potentes propiedades antivirales y antibacterianas; ha demostrado ser efectiva en la lucha contra el cáncer de piel, pulmón, próstata y mama. También se ha comprobado que baja la tensión sanguínea y protege la salud cardiovascular. Y por si esto fuera poco, ¡es muy rica en vitaminas, especialmente C, B_1 y B_2!

Cantidad necesaria para una ración: entre 18 y 24 mililitros.

Sustitutos: el zumo de cerezas agrias es un buen sustituto para la granada y se utiliza en una proporción de 1:1. Como último recurso, también se puede utilizar zumo de uva o manzana, pero estos son más dulces y no ofrecen ninguno de sus beneficios.

Espino cerval de mar

El nombre de este producto parece pertenecer a un alga extraña pero, en realidad, se trata de un arbusto con racimos de bayas de color naranja intenso que crece en las zonas costeras de todo el mundo, especialmente en Europa y Asia. El hecho de que su temporada de cultivo sea muy corta, sumado a que la planta tiene espinas y es un poco pegajosa, hace que la cosecha sea algo complicada y por eso suele ser un producto caro. De todos modos, sus beneficios son tan singulares que merece la pena encontrar la forma de incorporarlo a tu dieta, aunque solo sea ocasionalmente.

El sabor del espino cerval es incomparable: el líquido concentrado de color naranja tiene un sabor ligeramente agrio, cítrico y oleaginoso (pero que resulta muy agradable), con notas florales. Este complejo sabor tiende a destacar en los batidos, independientemente de los demás ingredientes que contenga. No combina bien con todos los sabores del mundo, pero es fascinante cuando se mezcla con ingredientes dulces como los cítricos, las frutas tropicales e incluso el zumo de zanahoria.

Comprar espino cerval de mar: estas bayas son difíciles de cosechar y transportar, por lo que no resulta sencillo encontrarlas frescas, al menos en América del Norte. Lo más conveniente para los batidos de superalimentos es el zumo de espino cerval. Sin embargo, debes estar seguro de que se trata de zumo puro al 100% y que no está azucarado (ver la marca que yo utilizo en la guía de recursos de la página 224).

Beneficios: el espino cerval es único en lo que se refiere a los beneficios y es muy conocido como un alimento que regenera la piel —se ha utilizado en enfermedades graves como la psoriasis—. Se trata de un alimento de primer nivel para uso cosmético porque es muy rico en vitamina C y quercetina antioxidante y antiinflamatoria, y contiene grandes cantidades de ácido omega 7, que es muy poco común.

Cantidad necesaria para una ración: 30 ml de zumo puro de espino cerval.

Sustitutos: desde el punto de vista del sabor, un sustituto bastante conveniente puede ser zumo de naranja con un chorro de zumo de limón, aunque no ofrece los beneficios del espino cerval. Si no puedes conseguirlo, te sugiero omitir el puñado de recetas que lo incluyen.

LA AVENTURA DE LOS SUPERALIMENTOS

Dado que los batidos tienen un sabor delicioso, añadir tu superalimento favorito (o el que pronto habrá de serlo) a la mezcla de ingredientes es una forma inteligente de aprovechar la hora de comer. Además de los «súper-15» superalimentos, en el mundo hay muchos, muchísimos más superalimentos que no ven el momento de encontrarse en el vaso de tu batidora (y constantemente se descubren otros nuevos). El objetivo de la lista que incluyo a continuación es inspirarte; no he utilizado prácticamente ninguno de ellos en las recetas de batidos de este libro y muchos podrían considerarse hierbas medicinales. De cualquier modo, los superalimentos son una aventura culinaria fascinante que merece la pena experimentar, especialmente cuando se trata de hacer batidos. Huelga decir que cuando utilizamos los mejores alimentos naturales y saludables, las recompensas que obtenemos son infinitas.

- Acerola
- Aguaymanto (seco o en polvo)
- Aloe
- Arándanos rojos

- Baobab
- Borojó
- Caja
- Canela
- Cerezas agrias
- Cupuazú
- Cúrcuma
- Fitoplancton
- Fruto de café
- Germen de trigo
- Germen y salvado de arroz
- Hongos medicinales (como el maitake, reishi, chaga, etc.)
- Jengibre
- Kelp
- Maíz púrpura
- Mangostán
- Matcha (té verde en polvo)
- Noni
- Raíz de yacón
- Sacha inchi
- Salvado de sorgo
- Saúco
- Tocotrienol en polvo

TÉCNICAS PARA REDUCIR COSTES

Es completamente comprensible que te sientas indeciso y dudes antes de comprar los ingredientes llamados superalimentos al ver lo que cuestan. Puedes preguntarte por qué pagar veinte dólares por una bolsa pequeña de polvo de bayas de maqui púrpura cuando puedes comprar un burrito por seis. Cuando empiezas a buscar los superalimentos, puede ser un poco desalentador descubrir que estos productos son sustancialmente más caros.

No obstante, a pesar de su coste inicial los superalimentos no son realmente tan caros como parece. En realidad, estás comprando nutrientes (y no calorías ni cantidades) y el coste por nutriente es francamente inferior al de muchos alimentos convencionales que están «de oferta». Estos productos básicos de uso cotidiano no son necesariamente malos (por ejemplo, el arroz es un alimento maravilloso) pero sencillamente no proporcionan la gran cantidad de nutrientes necesarios para llegar a tener una salud óptima. Si quieres ser realmente rico, invierte en tu salud corporal.

Dejando los nutrientes a un lado, un batido de superalimentos puede ser una bebida bastante cara, de modo que voy a desglosar el coste de la receta que contiene la mayor cantidad de superalimentos y, por lo tanto, es la más cara:

BATIDO DE VAINILLA
Y ALMENDRAS
(PÁGINA 207)*

Moras blancas secas	1,14
Bayas de goji secas	0,44
Polvo de proteína de cáñamo	0,44
Polvo de lúcuma	0,83
Mantequilla de almendras	0,32
Extracto de vainilla	0,41
Polvo de camu	0,27
Agua de coco	0,88
Hielo	0
Coste total por ración	4,73

* Precio en dólares. Los costes reflejan el tamaño de una ración, son aproximados y se basan en el precio total minorista. Existen también otras posibilidades mejores como, por ejemplo, comprar los ingredientes por Internet; el coste final variará ligeramente.

Como puedes ver, el coste real de este batido, que es un verdadero concentrado de superalimentos y puede reemplazar fácilmente a una comida, es de unos poco más de cuatro dólares y medio. Y los ingredientes que no utilices se conservarán durante mucho tiempo. Seguramente, no será tan económico como, por ejemplo, una tostada, pero no existe comparación posible si pensamos en los beneficios que obtendrás a largo plazo.

Tengo buenas noticias para todas las personas que quieren recortar costes al hacer sus batidos de superalimentos: existen algunos trucos fiables. No obstante, para lograr el mayor provecho de tu dinero, tu estilo de vida debe incluir un batido diario de superalimentos, en lugar de beberlo de vez en cuando.

Comprar congelados: una forma mucho más económica de hacer batidos es comprar frutas y hortalizas congeladas. En algunas ocasiones, puedes ahorrar más del 50%. Comprar productos congelados significa también reducir el riesgo de que los alimentos se echen a perder antes de tener la oportunidad de utilizarlos.

Comprar grandes cantidades: no todos los superalimentos pueden adquirirse en grandes cantidades. Sin embargo, es cada vez más frecuente encontrar semillas como las de cáñamo, chía y lino en envases grandes en las tiendas de alimentos naturales. Muchas páginas web ofrecen los superalimentos que más se venden (como las bayas de goji) en paquetes grandes que pueden comprarse por un precio significativamente menor. Esto implica hacer una pequeña inversión por anticipado, pero luego

PONER LOS INGREDIENTES EN REMOJO PARA QUE SE MEZCLEN MÁS FÁCILMENTE

Uno de los beneficios que nos ofrece una batidora de gran potencia es que se puede echar prácticamente cualquier cosa en ella con la tranquilidad de que la máquina procesará los ingredientes hasta convertirlos en una bebida suave y deliciosa. Desafortunadamente, las batidoras económicas no siempre llegan a desmenuzar los ingredientes más concentrados, especialmente los frutos secos, las semillas y las frutas deshidratadas. Sin embargo, no todo está perdido. Puedes remojar los ingredientes antes de echarlos en la batidora para que se ablanden y se mezclen mejor, a fin de no encontrar trozos de alimentos mientras bebes tu batido. Y una ventaja adicional es que los frutos secos y las semillas son más fáciles de digerir cuando los pones en remojo.

Frutos secos: colócalos en un recipiente con el doble de agua de su volumen. Déjalos en remojo entre dos horas y un día. Escurre el agua y aclara cuidadosamente. Los frutos secos remojados se conservarán perfectamente varios días en la nevera.

Semillas grandes (como las de girasol o calabaza): coloca las semillas en un re-cipiente y agrega el doble de agua de su volumen. Déjalas en remojo entre una hora y un día. Escurre el agua y aclara exhaustivamente. Las semillas remojadas se conservarán en la nevera varios días. Por otra parte, las que has puesto en remojo comenzarán a germinar cuanto más tiempo pase y esto resulta muy conveniente en términos nutricionales, aunque también contribuye a que el batido tenga un sabor «más verde».

Frutas deshidratadas pequeñas: mezcla las frutas con la medida del líquido indicada para la receta del batido (zumo, agua de coco, etc.). Déjalas en remojo entre quince minutos y una hora, hasta que comiencen a hincharse. Para disfrutar de todo su sabor, utiliza la fruta blanda y también el líquido donde las has puesto en remojo.

Dátiles: retira las semillas y luego mézclalos con la medida del líquido utilizada en la receta del batido. Déjalos en remojo entre veinte minutos y un día. Utiliza los dátiles blandos y el líquido donde los has puesto en remojo para disfrutar de todo su sabor.

ahorrarás una fortuna en tu dieta diaria. Guarda parte de los supera-limentos comprados a granel junto a los ingredientes que utilizas a diario (yo suelo usar recipientes de vidrio porque me gusta verlos) y pon el resto en recipientes herméticos en la nevera, o el congelador, para prolongar su vida útil.

Compartir: ¡encuentra un colega para compartir batidos! Te sorprenderá descubrir cuántos amigos, parientes, compañeros de piso o vecinos no solo están dispuestos a compartir contigo el viaje de los batidos de superalimentos: ¡están deseando hacerlo! Luego busca ofertas en Internet para hacer pedidos de grandes cantidades de superalimentos (ver mis recomendaciones en la guía de recursos de la página 224) y divide la factura con tu socio en esta empresa para comprar los productos a un precio muy inferior.

No desperdiciar los productos: lo peor que puedes hacer es comprar un superalimento con un precio elevado y dejar que acumule polvo. ¡Eso sí que resulta caro! Si en algún momento tienes superávit de alimentos sanos, o un superalimento cuyo sabor no te gusta, agrégalos en pequeñas e indetectables cantidades a tu batido diario. Pero por nada del mundo dejes de usarlos.

Hecho en casa: dado que estás leyendo un libro sobre cómo preparar batidos de superalimentos, lo más probable es que tengas la intención de prepararlos tú mismo. Y es importante apreciar el valor real de los batidos que se preparan en casa. Un vaso de batido normal de 500 ml comprado en una tienda, o consumido en un restaurante, cuesta habitualmente ente cinco y seis euros. Si el batido es de superalimentos, la misma cantidad te costará entre nueve y diez euros. ¡Y también he visto batidos por diecisiete euros debido a los ingredientes que contienen! Tomar un batido de superalimentos fuera de casa no es una mala decisión —yo misma lo hago ocasionalmente—, pero recuerda que puedes prepararlo fácilmente en casa por un precio muy inferior y, me atrevería a decir, incluso mucho más rico. Las recetas de este libro te lo demostrarán.

UTENSILIOS

El hecho de que una batidora sea fundamental para preparar batidos no debería ser una sorpresa. En otra época las opciones para comprar una batidora eran muy básicas, pero gracias a la popularidad de los batidos (y a la magia de los ingredientes batidos que se utilizan en otras presentaciones culinarias) en los últimos años han aparecido en el mercado numerosas opciones para el arte de batir.

Puedes adquirir batidoras personalizadas, batidoras que puedes llevar contigo cuando sales de viaje, batidoras de múltiples tareas (cuyas bases pueden utilizarse para otros aparatos como, por ejemplo, procesadores de alimentos), batidoras tan económicas que cuestan menos que llenar el depósito de combustible de tu coche, modelos de precios moderados y otros de alta potencia con un precio más elevado que el de una bicicleta normal. Debo admitir mi entusiasmo por las batidoras de gran potencia, pero no por puro capricho sino porque estas máquinas son las «bestias de carga» del mundo de los batidos (su potencia se mide realmente en caballos de fuerza). Son capaces de batir casi instantáneamente hasta los ingredientes más temperamentales y machacar el hielo hasta lograr los trozos más diminutos, lo que facilita conseguir la textura ideal para los batidos. Y al final del día la tarea de preparar los batidos resulta más sencilla, más rápida y más entretenida. Tener una de estas megabatidoras sobre la mesa de tu cocina puede llegar a ser una gran motivación para mezclar alimentos y preparar batidos. Yo utilizo una Vitamix, aunque cualquier marca que esté al mismo nivel de calidad puede funcionar maravillosamente

bien. Debo decir que estoy realmente encantada con mi batidora y estoy convencida de que la inversión ha valido la pena porque la uso muchísimo.

Una vez dicho esto, quiero aclarar que no necesitas una batidora de gran potencia para preparar las recetas que presento en este libro. Estos aparatos requieren una gran inversión y tú sabrás si puedes permitírtela; pero que quede claro que una batidora normal también te servirá. El arte culinario consigue algunas combinaciones excelentes con batidoras de nivel medio que son estéticamente bonitas y consiguen hacer adecuadamente su trabajo. Lo más importante es estar dispuesto a hacer batidos.

Aparte de una batidora (y, por supuesto, de nuestros superalimentos), no necesitas muchos otros utensilios para preparar las recetas del libro. Es aconsejable tener algunas cubiteras para hacer hielo saborizado; te recomiendo las que tienen tapa porque así evitarás que el hielo absorba otros sabores u olores (ver las recomendaciones en la página 224). Un acanalador de cítricos es un utensilio útil y económico, pero también puedes usar un rallador normal (utilizando la parte más fina). Es esencial contar con un cuchillo afilado y una tabla de cortar decente. Y esto es realmente todo lo necesario.

LAS RECOMPENSAS NUTRICIONALES DE LOS BATIDOS

Aunque las recetas de este libro cstán clasificadas según su perfil de sabor, los beneficios para la salud son igualmente importantes. Por esta razón, observarás que hay una serie de iconos debajo de cada una de ellas que indican sus beneficios específicos: proteínas, bajo contenido en calorías, sistema inmunitario, belleza, limpieza y desintoxicación, corazón sano y huesos fuertes. Créeme, en esas recetas hay *muchos más* beneficios de los que indican estos iconos. Para no complicar las cosas, en esta sección encontrarás algunos de los fantásticos resultados que puedes esperar de tus batidos de superalimentos.

BENEFICIOS INCORPORADOS

Uno de los lujos derivados de los batidos de superalimentos es el hecho de conocer que existen determinados beneficios que siempre obtendrás si incorporas a tu dieta una cantidad cada vez mayor de alimentos de origen vegetal, integrales, naturales y con una gran concentración de nutrientes. Como estos méritos pueden atribuirse a la totalidad de los batidos que encontrarás en el libro, no existen iconos que puedan reflejar todo lo que cada uno de ellos ofrece. Los beneficios son el resultado de consumir regularmente todos esos alimentos e ingredientes maravillosos. He aquí algunas de las ventajas para la salud que te procurará cada receta:

Energía: si bien no podemos conseguir que el día tenga más horas, lo que sí podemos es ofrecerle a nuestro cuerpo más energía para afrontar nuestras tareas y responsabilidades diarias. Consumir cada día un batido de superalimentos es tener la garantía (por cierto, una garantía deliciosa) de que al menos una de nuestras comidas diarias estará repleta de nutrientes excepcionales. Muchas personas afirman sentirse más ligeras y más fuertes, tener más concentración y, por supuesto, más energía después de beber un batido de superalimentos, y este resultado tiene un efecto positivo durante el resto del día. Esta es una de las razones clave por la cual muchas personas prueban los batidos de superalimentos, y también el motivo de que vuelvan a ellos una y otra vez. En cuanto hayas experimentado la energía duradera que te aporta un batido de superalimentos, comprenderás de qué estoy hablando.

Antioxidantes antienvejecimiento: los alimentos vegetales e integrales y los superalimentos contienen nutrientes que protegen la salud celular a nivel general y ayudan a adquirir y mantener un nivel óptimo de bienestar. Muchos de estos alimentos son extraordinariamente ricos en antioxidantes (que ayudan a proteger al cuerpo del deterioro producido por el paso del tiempo a cualquier edad) y, al mismo tiempo, fortalecen todos los sistemas orgánicos. No hay un solo batido en este libro que no contenga antioxidantes, sustancias que ayudan a combatir los radicales libres que deterioran las células y protegen al organismo contra posibles daños futuros. Los antioxidantes impiden que se formen los radicales libres, eliminan los oxidantes actuales, ayudan a suprimir las moléculas dañadas, limpian las toxinas e impiden la oxidación futura (que es cuando el cuerpo comienza a «oxidarse»).

La escala ORAC (capacidad de absorción de radicales de oxígeno) se utiliza para cuantificar los niveles de antioxidantes de los alimentos. Aunque en lo que se refiere a la nutrición

INGREDIENTE	ORAC*
Cacao en polvo (100 g)	95.000
Bayas de maqui en polvo (100 g)	60.600
Bayas de acai en polvo (100 g)	53.600
Bayas de goji secadas al sol (100 g)	13.600
Arándanos (½ taza)	6.552
Fresas (½ taza)	3.577
Espinacas (1 taza, crudas)	3.030
Granadas (½ taza de zumo)	2.341
Col rizada (1 taza, cruda)	1.770
Zanahorias (½ taza)	666
Tomates (½ taza)	367
Mangos (½ taza)	300

* El valor ORAC es una estimación que puede variar dependiendo de la fuente, la región de cultivo, el tipo de procesamiento y la frescura del producto.

existen muchos elementos que unen fuerzas para proporcionar beneficios terapéuticos, los valores altos en la escala ORAC son una excelente indicación de que un alimento es beneficioso. A continuación desglosaré cuántos de nuestros superalimentos favoritos trabajan de forma conjunta para ayudarnos a que el reloj dé marcha atrás.

Vitaminas y minerales: los superalimentos contienen una abundante cantidad de vitaminas y minerales que a menudo suelen ser los mismos que faltan en la dieta moderna. Una parte inherente al «paquete» de los batidos de supcralimentos es ofrecerle a nuestro cuerpo los micronutrientes que necesita. Una vez más, debo decir que cada uno de los batidos que comparto en este libro los contiene. Disfruta de una variedad de recetas que incluyen diversos grupos de ingredientes para recorrer el camino más rápido hacia la salud general. Consulta las secciones de beneficios individuales de los «súper-15» (página 37) si quieres saber cómo se asocian los mejores superalimentos para ofrecernos los micronutrientes que más necesitamos.

BENEFICIOS ADICIONALES

Además de los beneficios incorporados en los batidos de superalimentos, la mayor parte de las recetas son particularmente valiosas porque se ocupan de aspectos específicos de la salud. Puedes mirar los iconos que encontrarás en cada receta para conocer de un solo vistazo las propiedades que tiene un batido en particular. A continuación encontrarás una guía de las recompensas asociadas a cada uno de los iconos. En el índice de beneficios de la página 228 puedes consultar cuál es el batido más ventajoso para una determinada función.

BAJO EN CALORÍAS El batido contiene aproximadamente 225 calorías, o incluso menos, por ración.

BELLEZA El batido contiene ingredientes con cantidades notables de nutrientes que favorecen la belleza, como la vitamina C (esencial para la síntesis del colágeno y con propiedades antiinflamatorias), las grasas saludables y las antocianinas, con una potente actividad antioxidante que protege la piel.

CORAZÓN SANO El batido contiene superalimentos cuyos nutrientes probados clínicamente han demostrado promover la salud cardiovascular.

HUESOS FUERTES El batido tiene una gran cantidad de superalimentos ricos en calcio.

SISTEMA INMUNITARIO El batido es una excelente fuente de nutrientes que combaten las enfermedades, como la vitamina C y el zinc, o contiene superalimentos muy conocidos por sus propiedades antivirales, antibacterianas o antimicóticas.

LIMPIEZA Y DESINTOXICACIÓN El batido es particularmente útil para eliminar las toxinas y elevar los niveles de alcalinidad del cuerpo.

PROTEÍNAS El batido tiene 10 gramos (o más) de proteínas por ración.

UTILIZAR LOS BATIDOS DE SUPERALIMENTOS PARA TENER UN PESO SANO

Tal como te diría cualquier persona a la que le guste trabajar en la industria alimentaria, tratar con productos comestibles todo el día puede ser maravilloso (para los enamorados de la gastronomía como yo, es un verdadero sueño) pero potencialmente tiene una gran desventaja: ¡terminas comiendo demasiado! Probar de forma constante el sabor de los platos que preparas va sumando calorías rápida e inconscientemente, y esto puede llegar a comprometer tu energía y transformarse en kilos no deseados. Sin embargo, quiero contar algo gracioso que me sucedió mientras escribía este libro.

Puede sonar como un tópico, pero después de semanas y semanas de preparar batidos día tras día, comencé a sentir un notorio incremento de mi energía. Me sentía más productiva, pensaba con más claridad, realizaba actividades atléticas con más entusiasmo y llenaba cada uno de mis días con una gran dosis de diversión. Me sentía capaz de llegar cada vez un poquito más lejos. Pero la guinda de la tarta (del batido, por supuesto) fue lo que descubrí inmediatamente al terminar de organizar el libro. A pesar de que mi consumo de alimentos aumentó temporal-

mente mientras probaba las recetas, no engordé ni un solo kilo y, de hecho, mi cuerpo estaba más esbelto. Una prueba que me hicieron en el gimnasio reveló que mi porcentaje de grasa corporal había disminuido. Estaba completamente sorprendida. Era como si mi cuerpo hubiera alcanzado un mejor estado de equilibrio, ¡un resultado realmente estimulante que conseguí mientras realizaba una actividad fácil y deliciosa!

Es una gran idea incorporar batidos de superalimentos a tu dieta como un medio para lograr el peso ideal. Muchos de esos batidos pueden considerarse una comida completa, y a la vez que ellos eliminan calorías de tu presupuesto diario, tú te beneficias de una cantidad inmensa de nutrientes. Los batidos de superalimentos tienen una gran concentración de ingredientes sustanciosos, y gracias a ellos nos sentimos saciados y satisfechos durante más tiempo porque el cuerpo tiene todo lo que necesita para funcionar correctamente. Además, a diferencia de muchas dietas o regímenes de limpieza, los batidos de superalimentos ofrecen la energía que necesitamos para mantenernos activos a lo largo del día. Es un círculo virtuoso: disponer de más energía te permite desplegar una mayor actividad que te hace sentir mejor por fuera y por dentro, y esto, a su vez, consigue que cada vez te apetezca más consumir algo sano como los batidos de superalimentos... y el proceso sigue avanzando por el camino positivo. Es indudable que los batidos de superalimentos tienen el potencial para ayudarte a alcanzar tu óptimo ser, independientemente de que los prepares a diario para mejorar tu salud, porque deseas incorporarlos a tu vida para tener una dieta más sana, o porque quieres desintoxicar tu organismo.

SEGUNDA PARTE

LOS BATIDOS

La gran variedad de alimentos naturales disponibles en nuestros días se traduce en un ilimitado abanico de batidos de superalimentos, tanto en su forma como en su función. En las páginas siguientes encontrarás la sección «Afrutados y ligeros», donde presento bebidas refrescantes que contienen mucha fruta; anímate a crear bebidas con propiedades desintoxicantes y energéticas con las recetas de los «Batidos verdes y vibrantes»; deléitate con los deliciosos «Batidos ricos y cremosos»; descubre superalimentos legendarios y extravagantes con los «Batidos especiales», y aprende la alquimia extrafuncional de los superalimentos con las recetas de los «"Chupitos" de Superalimentos». ¿Cuál es tu estilo de batidos? Un mundo de estimulantes posibilidades te está esperando.

¿QUÉ CANTIDAD DE BATIDO DEBO BEBER?

Hay muchos factores que entran en juego al determinar el tamaño de la ración, como el nivel de actividad de cada persona, las dimensiones corporales, la tasa metabólica y otros más. Para una persona normal, las recetas de este libro sirven para dos raciones. Observarás que algunas raciones son mayores que otras (350 a 500 ml, por ejemplo) debido principalmente a los ingredientes utilizados, que pueden ser más ligeros o más densos (y, por tanto, con un mayor contenido en calorías). La mayoría de las personas consume una o dos raciones diarias de un batido de superalimentos para mejorar su energía, y es aconsejable beber batidos diferentes a lo largo de la semana para mantener el equilibrio a largo plazo.

A pesar de las recomendaciones referidas a las raciones, te animo a que utilices la mejor calculadora que existe: tu propio instinto. Cualquiera de estas combinaciones incluye algunos de los mejores alimentos que puedes ofrecerle a tu cuerpo. Los batidos se preparan con alimentos integrales y no contienen suplementos aislados ni tampoco ingredientes artificiales que podrían causar estrés biológico si se utilizan en altas dosis. Creo que esa es una de las grandes virtudes de los batidos de superalimentos: podemos dejar de calcular medidas y relajarnos para disfrutar de ellos hasta que nos sintamos satisfechos.

CONSEJOS PARA RECORDAR

- Así como dos copos de nieve nunca son idénticos, tampoco lo son dos manzanas. El sabor, el dulzor, el tamaño e incluso el color de los productos pueden variar considerablemente. Un plátano puede ser más dulce que otro; una col rizada de principio de temporada puede ser un poco más picante que otra que se cosecha cuando la estación está más avanzada. Siempre debes probar tu batido antes de servirlo para asegurarte de que tiene el sabor que deseas y, en caso contrario, mejorarlo. A menudo los mejores batidos son aquellos que has modificado, aunque solo sea ligeramente.

- Si quieres que el batido sea más sabroso o simplemente un poco dulce, añade con mucha prudencia uno de los endulzantes que figuran en la página 28. Las recetas que incluyen un producto endulzante como ingrediente opcional ya son bastante dulces, pero como tú eres el maestro de tu propia batidora, te animo a que también seas el juez.

- Si un batido está demasiado dulce, puedes añadir agua, hielo, hortalizas o grasas sanas (como los frutos secos) para equilibrar su sabor.

- Utiliza siempre semillas y frutos secos sin cáscara y sin sal. Las mantequillas derivadas de frutos secos, como la de almendras, tampoco deben contener sal ni endulzantes.

- Cuando compres leches derivadas de frutos secos (es decir, sin productos lácteos), elige las que no contienen azúcar ni saborizantes, o busca las que tienen la menor cantidad de azúcar añadido.

- La leche de coco que utilizamos en estas recetas es la variedad que se vende en envases de cartón y no la que se vende en latas porque es mucho más condensada. Si no la consigues, mezcla un cuarto de taza de leche de coco en lata con tres cuartos de taza de agua como sustituto para una taza de leche de coco comercializada en envases de cartón.

- Para obtener la ralladura de frutas cítricas utiliza un acanalador de frutas o la parte más fina de un rallador y ten cuidado para retirar únicamente la piel sin llegar a la parte blanca y amarga de la fruta.

- Si al preparar los batidos tienes problemas para mezclar los ingredientes, puedes ponerlos en remojo para ablandarlos, tal como se describe en la página 64. También puedes remojarlos directamente en la batidora cuando el batido está casi listo.

- Enfría tus batidos añadiendo más hielo o productos congelados. Licua los ingredientes añadiendo agua, zumo o una leche de productos vegetales.

- Todas las recetas de batidos de superalimentos de este libro sirven para dos raciones, aproximadamente. Si quieres hacer un batido para una sola persona, solo tienes que dividir los ingredientes de la receta por la mitad.

AFRUTADOS Y LIGEROS

Refrescantes, hidratantes y llenos de frutas mimadas por el sol, los batidos de superalimentos afrutados y ligeros aprovechan la dulce generosidad de la naturaleza. Los superalimentos utilizados incluyen polvos saborizados de bayas de maqui y camu, superbayas secas (como las bayas de goji y las moras), frutas del bosque congeladas y, a menudo, también semillas de chía y de lino para aportar una cantidad adicional de fibra y ralentizar la liberación de los azúcares de la fruta en la sangre, con el fin de obtener una energía más sostenible. Estas mezclas se pueden disfrutar a modo de desayuno ligero o como un aperitivo energizante a media mañana.

INCLUYE UN INGREDIENTE QUE ES UN SUPERALIMENTO

BELLEZA HUESOS FUERTES LIMPIEZA Y DESINTOXICACIÓN

CORAZÓN SANO SISTEMA INMUNOLÓGICO

BAJO EN CALORÍAS PROTEÍNAS

MELÓN ROCÍO DE MIEL Y MAQUI

Como cualquier otra preparación que incluya melón, cuanto más madura esté esta fruta, más delicioso será el batido. Esta combinación es perfecta para un hermoso día de verano, preferiblemente descalzos.

DOS RACIONES DE 500 ML

3 tazas de melón rocío de
   miel cortado en pequeños
   cubos
½ taza de leche de coco
   (la variedad de envase
   de cartón)
✺ 2 cucharaditas de bayas de
   maqui en polvo
✺ 1 cucharada de semillas de
   lino en polvo
1 cucharada de zumo de
   lima recién exprimido
2 tazas de hielo con sabor
   a coco (página 30)
Endulzante para potenciar el
   sabor

Bate todos los ingredientes hasta conseguir una mezcla de textura suave. Prueba el batido para comprobar si tiene el sabor dulce que deseas y corrígelo si es necesario.

....

UN APORTE EXTRA DE SUPERALIMENTOS
Añadir 1 cucharadita de hierba de trigo en polvo para aportar más hortalizas al batido.

....

FRESAS Y MANZANILLA

Cuando preparo una infusión de manzanilla por la noche, a veces hago una o dos tazas más y las guardo en la nevera con el propósito de utilizarlas en el batido de la mañana. El sabor ligeramente dulce y floral de la manzanilla combina maravillosamente bien con las fresas.

DOS RACIONES DE 500 ML

- 2 tazas de fresas congeladas
- ½ taza de moras blancas secas
- 1 ¾ taza de infusión de manzanilla fría
- 2 cucharadas de zumo de limón recién exprimido
- Endulzante para potenciar el sabor (opcional)
- 2 cucharadas de semillas de chía

Bate las fresas, las moras, la infusión y el zumo de limón hasta obtener una textura suave. Apaga la batidora para probar el batido y añade endulzante si lo consideras necesario. Agrega las semillas de chía y pon en marcha brevemente la batidora para que los ingredientes se mezclen bien (el hecho de incorporar las semillas de chía al final permite que el batido conserve una textura más suave).

UN APORTE EXTRA DE SUPERALIMENTOS

Añadir ½ cucharadita de bayas de camu en polvo, que aportan vitamina C.

ACAI Y CALABAZA

Aunque este batido es cremoso y energizante, también es sorprendentemente ligero e ideal para tomar como desayuno o antes de hacer ejercicio, gracias a sus electrolitos, antioxidantes y carbohidratos complejos de efecto duradero.

DOS RACIONES DE 300 ML.

½ taza de puré de
   calabaza sin endulzar
¼ de taza de dátiles
   Medjool sin hueso
   (aproximadamente tres o
   cuatro piezas grandes)
3 cucharadas de acai en
   polvo
1 taza de agua de coco
1 taza de hielo
Endulzante para potenciar el
   sabor (opcional)

Mezcla todos los ingredientes, excepto el hielo, hasta obtener una textura suave. Luego añade el hielo y vuelve a batir la mezcla hasta que esté bien fría. Prueba el batido y corrige su dulzor si así lo deseas.

CÓMO POTENCIAR ESTE SUPERALIMENTO
Añadir 2 cucharadas de semillas de lino molidas para aportar más fibra y grasas sanas.

NARANJA Y GOJI

Prácticamente puedes detectar la vitalidad de este batido de superfrutas a un kilómetro de distancia. Además de su paradisíaco sabor agrio y afrutado, contiene muchos alimentos que favorecen el sistema inmunitario, incluidas naranjas, bayas de goji y limas.

DOS RACIONES DE 500 ML

2 naranjas peladas y sin
semillas en trozos

1 plátano congelado (ver
más abajo)

⅓ taza de bayas de goji
secas

2 cucharadas de semillas
de cáñamo

½ taza de agua de coco

¼ de taza de zumo de lima
recientemente exprimido

2 tazas de hielo

Endulzante para potenciar el
sabor (opcional)

Bate todos los ingredientes, excepto el hielo, hasta conseguir una textura suave. Añade el hielo y mezcla un poco más los ingredientes hasta que el batido esté bien frío. Pruébalo y corrige su grado de dulzor si así lo deseas.

UN APORTE EXTRA DE SUPERALIMENTOS

Añadir 2 cucharadas de semillas de chía para demorar la liberación de los azúcares de la fruta en el flujo sanguíneo y promover así una energía duradera.

PLÁTANOS CONGELADOS

Usar plátanos congelados nos permite preparar batidos nutritivos, fríos y saludables. Congela una buena cantidad de plátanos para tener siempre a mano este producto tan especial durante las próximas semanas. Para obtener los mejores resultados, sigue los siguientes consejos:

◆ Utiliza los plátanos que estén más maduros y de color marrón porque son realmente deliciosos cuando se congelan.

◆ Antes de congelarlos retira la piel, corta el plátano en trozos e introdúcelos en una bolsa hermética de plástico para congelar alimentos. Así conservan su frescura y, por otra parte, resulta más fácil trabajar con los trozos.

◆ Corta los plátanos siempre de la misma manera porque eso te facilita calcular la cantidad idónea para preparar el batido. Por ejemplo, si decides cortarlos en seis partes, cuando encuentres una receta que indique «un plátano congelado», ya sabrás cuántos trozos tiene un plátano entero.

SANDÍA Y ACAI

Los batidos de sandía son uno de mis placeres preferidos y esta versión repleta de superalimentos ofrece una nueva sinfonía de sabores y una nutrición rica en antioxidantes. Para que el batido esté muy frío, corta la sandía en pequeños cubos y congélala (también es una buena forma de conservar las consecuencias de una compra demasiado entusiasta de melones).

DOS RACIONES DE 600 ML.

5 tazas de cubos de sandía
sin semillas

✳ 2 cucharadas de acai en
polvo

✳ 3 cucharadas de semillas
de chía

1 cucharadita de ralladura
de limón fresca

2 cucharadas de zumo
de limón recientemente
exprimido

✳ ¼ taza de zumo puro de
granada

2 ½ tazas de hielo

Endulzante para potenciar el
sabor

Mezcla todos los ingredientes hasta obtener una textura suave. Prueba el batido y corrige su dulzor si así lo deseas.

························

UN APORTE EXTRA DE SUPERALIMENTOS

Añadir ½ cucharadita de polvo de camu (aporta prácticamente un 600% de la cantidad diaria recomendada de vitamina C).

························

BAYAS DE MAQUI
Y MELOCOTÓN

No hay ninguna receta de melocotón en el mundo que pueda competir con una que contiene la naturaleza divina de un melocotón recién cosechado, perfectamente maduro y tan jugoso que al comerlo no podrás evitar que su jugo te gotee por el brazo. Sin embargo, los melocotones le dan al batido un toque cremoso que combina maravillosamente bien con la nota sutil de las bayas de maqui en polvo.

DOS RACIONES DE 350 ML

- 1 ½ taza de melocotones congelados
- 2 cucharaditas de bayas de maqui en polvo
- ½ cucharadita de bayas de camu en polvo
- 1 cucharada de zumo de limón recién exprimido
- ½ cucharadita de extracto de vainilla
- 2 tazas de leche de arroz (variedad original)
- Endulzante para potenciar el sabor

Bate todos los ingredientes hasta obtener una textura suave. Prueba el batido y endúlzalo si lo consideras necesario.

UN APORTE EXTRA DE SUPERALIMENTOS
Añadir 2 cucharadas de bayas de goji secas.

ESPINO CERVAL DE MAR Y ZANAHORIA

En Rusia, las bayas de espino cerval de mar suelen utilizarse para preparar una bebida cremosa a base de bayas frescas, zumo de zanahoria y suero de leche, que puede parecer una combinación cuestionable y que, sin embargo, es notablemente adictiva. Esta receta aporta superalimentos a esa intrigante bebida y la convierte en un batido profundamente refrescante y con resultados excepcionales (y me animaría a decir que mejora la receta original).

DOS RACIONES DE 500 ML

⅓ de taza de anacardos

¼ de taza de dátiles Medjool sin hueso (unas tres o cuatro piezas grandes)

1 ½ tazas de zumo de zanahoria fresco

¼ de taza de zumo de espino cerval de mar

2 tazas de hielo saborizado con coco (página 30)

1 tazas de hielo

Endulzante para potenciar el sabor

Bate los anacardos, los dátiles, el zumo de zanahoria y el zumo de espino cerval de mar hasta conseguir una textura cremosa. Añade los dos tipos de hielo y bate una vez más hasta que la bebida esté bien fría. Aunque el batido es dulce, puedes probarlo y corregirlo a tu gusto.

UN APORTE EXTRA DE SUPERALIMENTOS

Añadir 3 cucharadas de semillas de chía para aportar una cantidad adicional de fibra y conseguir una sensación de saciedad más prolongada.

PIÑA Y PAPAYA

La papaya es una fruta delicadamente dulce que otorga a los batidos una textura cremosa y agradablemente ligera a la vez. Cuanto más madura y blanda está, más digna es de formar parte de este batido.

DOS RACIONES DE 500 ML

1 taza de trozos de piña congelados

1 ⅓ taza de trozos de papaya fresca, sin semillas

⅓ de taza de bayas de goji secas

2 cucharadas de polvo de lúcuma

⅓ de taza de zumo de lima recién exprimido

1 ¼ taza de leche de coco (variedad comercializada en envases de cartón)

Endulzante para potenciar el sabor

Bate todos los ingredientes hasta obtener una textura suave. Prueba y corrige el dulzor si así lo deseas.

UN APORTE EXTRA DE SUPERALIMENTOS

Añadir 1 cucharadita de hierba de trigo en polvo para desintoxicar el organismo de una forma nutritiva.

GRANADA Y NARANJA

Con los sorprendentes sabores naturales de esta bebida afrutada puedes darle un cambio radical a una rutina de batidos que empieza a aburrirte.

DOS RACIONES DE 350 ML

1 naranja pelada, sin semillas y cortada en trozos

※ 2 cucharadas de bayas de goji secas

¾ de cucharadita de ralladura de naranja fresca

¼ de cucharadita de canela en polvo

※ ¾ de taza de zumo de granada

2 tazas de hielo con sabor a almendras (página 30)

Endulzante para potenciar el sabor

Mezcla todos los ingredientes hasta que el batido esté frío y su textura sea suave. Pruébalo y si es necesario, agrega endulzante hasta que esté a tu gusto.

UN APORTE EXTRA DE SUPERALIMENTOS

Añadir 2 cucharadas de semillas de cáñamo para equilibrar los nutrientes con un aporte adicional de saludables ácidos grasos esenciales.

FRESAS Y KOMBUCHA

Simple y delicado, este batido me recuerda al sabor de las fresas y el champán... pero tiene la ventaja de que puedes disfrutarlo un lunes a las dos de la tarde. El té de kombucha es una bebida fermentada maravillosa para la digestión; puedes encontrarlo en la sección de productos refrigerados de la mayoría de las tiendas de alimentación sana.

DOS RACIONES DE 350 ML

- 2 tazas de fresas congeladas
- 2 tazas de kombucha (sabor original)
- 2 cucharaditas de bayas de maqui en polvo
- Endulzante para potenciar el sabor
- 1 cucharada de semillas de chía

Bate las fresas, la kombucha y las bayas de maqui en polvo. Prueba el batido, endúlzalo si es necesario y añade las semillas de chía. Bate ligeramente los ingredientes una vez más para que se mezclen bien.

UN APORTE EXTRA DE SUPERALIMENTOS
Añadir 2 cucharadas de bayas de goji secas.

ARÁNDANOS Y GOJI

El té verde y el gel de chía hacen de este apacible batido una bebida muy ligera y energizante.

DOS RACIONES DE 500 ML

3 cucharadas de bayas de goji secas

¼ de taza de dátiles Medjool sin hueso (alrededor de tres o cuatro piezas grandes)

1 ½ taza de té verde (frío)

1 taza de arándanos congelados

1 taza de fresas congeladas

1 cucharadita de extracto de vainilla

½ taza de gel de chía (página 44)

Endulzante para potenciar el sabor (opcional)

Bate las bayas de goji, los dátiles y el té verde hasta obtener una bebida con una textura suave. Añade el resto de los ingredientes y bate una vez más hasta que el batido esté bien frío. Prueba y añade endulzante si lo consideras necesario.

UN APORTE EXTRA DE SUPERALIMENTOS

Añadir 1 cucharadita de bayas de maqui en polvo.

FRAMBUESA Y MELOCOTÓN

¡Una bebida tan veraniega como puede ser el verano! Dependiendo de la cantidad de azúcares naturales que contenga la fruta, esta mezcla puede beneficiarse potencialmente de un toque adicional de endulzante para mejorar su sabor.

DOS RACIONES DE 500 ML

- 1 ½ taza de melocotones frescos, deshuesados y cortados en trozos
- 1 ½ taza de frambuesas congeladas
- ¼ de taza de dátiles Medjool sin hueso (alrededor de tres o cuatro piezas grandes)
- 1 taza de leche de almendras sin endulzar
- 2 cucharadas de semillas de chía
- ¼ de cucharadita de extracto de vainilla
- 2 tazas de hielo
- Endulzante para potenciar el sabor

Bate todos los ingredientes, excepto el hielo, hasta obtener una textura suave. A continuación, añade el hielo y bate hasta que la mezcla esté bien fría. Prueba y agrega endulzante si lo consideras necesario.

UN APORTE EXTRA DE SUPERALIMENTOS
Usar moras secas en lugar de dátiles.

ARÁNDANOS ROJOS Y NARANJA

Amantes del sabor, eso es lo que son los arándanos rojos y las naranjas… Por este motivo incluir bayas de goji en el batido da como resultado un ménage à trois *ideal. Sin embargo, en los batidos siempre hay lugar para uno más, y por eso también suelo añadir un toque opcional de acai a esta mezcla.*

DOS RACIONES DE 500 ML

- ¾ de taza de arándanos rojos frescos o congelados
- ¼ de taza de bayas de goji secas
- 1 taza de trozos de pera madura
- 1 cucharada de semillas de lino en polvo
- 1 ½ taza de zumo de naranja
- 2 tazas de hielo
- Endulzante para potenciar el sabor (opcional)

Bate todos los ingredientes, excepto el hielo, hasta que la mezcla tenga una textura suave. Agrega el hielo y mezcla una vez más hasta que el batido esté bien frío. Pruébalo y endúlzalo a tu gusto.

UN APORTE EXTRA DE SUPERALIMENTOS
Añadir 1 cucharada de acai en polvo.

COCO Y BAYAS DE GOJI

Si nunca has puesto en remojo un par de cucharadas de bayas de goji en agua de coco (luego puedes beber ese «té» dulce e hidratante y una vez consumida la bebida puedes deleitarte con las bayas esponjosas como un placer añadido), te pido encarecidamente que dejes el libro en este momento y vayas a hacerlo (debes remojarlas entre quince y treinta minutos antes de consumirlas). Esta receta es la versión en batido de ese senci-llo placer y me recuerda ligeramente al más delicioso de los zumos de zanahoria frescos (posiblemente debido a la gran cantidad de carotenos, con una potente acción antioxi-dante, que contienen las bayas de goji).

DOS RACIONES DE 350 ML

- ⅓ de taza de bayas de goji secas
- ¼ de taza de coco rallado (sin endulzar)
- 2 cucharadas de semillas de cáñamo
- 1 taza de agua de coco
- 2 tazas de hielo con sabor a coco (página 30)
- Endulzante para potenciar el sabor (opcional)

Bate todos los ingredientes, excepto el hielo, hasta obtener una textura suave. A continuación añade el hielo y mezcla una vez más para que el batido esté bien frío. Pruébalo y endúlzalo a tu gusto.

UN APORTE EXTRA DE SUPERALIMENTOS

Aunque no es uno de los superalimentos más destacados, una excelente opción para potenciar el sabor de este batido es añadir un poco de jengibre, que tiene propiedades antiinflamatorias.

RUIBARBO Y MENTA

Por lo general, el ruibarbo se usa para preparar el típico pastel de ruibarbo pero a mí me encanta utilizarlo crudo porque confiere a los batidos una nota agria que da como resultado un sabor fresco y divertido. Puedes comprar ruibarbo congelado en muchas tiendas de alimentación, o puedes trocearlo fresco y congelarlo en casa (debes tener en cuenta que las hojas de ruibarbo son venenosas y que solo debes usar su tallo, que es de color rojo).

DOS RACIONES DE 500 ML

1 ½ taza de ruibarbo
    congelado
❋ ⅓ de taza de bayas de
    goji secas
¼ de taza de dátiles
    Medjool sin hueso
    (alrededor de tres o
    cuatro piezas grandes)
❋ ¼ de taza de semillas de
    cáñamo
❋ 1 cucharada de menta
    fresca picada
1 ½ taza de zumo de
    naranja
2 tazas de hielo
Endulzante para potenciar el
    sabor

Mezcla todos los ingredientes, excepto el hielo, hasta que la bebida tenga una textura suave. Luego añade el hielo y bate una vez más para que el batido esté superfrío. Pruébalo y endúlzalo a tu gusto.

....

UN APORTE EXTRA DE SUPERALIMENTOS
Añadir ½ cucharadita de camu en polvo.

....

MELOCOTÓN Y NATA

Los melocotones frescos tienen mucho más sabor que los congelados; a decir verdad, no hay comparación posible, especialmente cuando llega su temporada. Y durante los meses de verano, cuando he comprado demasiados melocotones como para poder comerlos en un periodo de tiempo razonable, este batido se convierte en un componente habitual de mi menú diario. Me gusta añadirle un poco de estevia porque realza aún más el sabor de esta fruta.

DOS RACIONES DE 500 ML

3 tazas de melocotones
   frescos en trozos, sin
   hueso
1 plátano congelado
   (página 83)
1 cucharada de semillas de
   chía
1 cucharada de bayas de
   goji
2 tazas de leche de coco
   (variedad comercializada
   en envases de cartón)
1 cucharada de zumo de
   limón recién exprimido
½ cucharadita de extracto
   de vainilla
Endulzante para potenciar el
   sabor

Mezcla todos los ingredientes hasta obtener una textura suave. Prueba el batido y, si lo consideras necesario, endúlzalo a tu gusto.

UN APORTE EXTRA DE SUPERALIMENTOS
Añadir 1 cucharada de semillas de cáñamo.

MORAS Y CIRUELAS

Cuando quites el hueso de las ciruelas (o de los melocotones, o de cualquier otra fruta), te recomiendo hacerlo sobre el mismo cuenco en el que echas la pulpa de la fruta porque así aprovecharás hasta la última gota de su delicioso zumo en tu batido.

DOS RACIONES DE 500 ML

- ¾ de taza de fresas congeladas
- ¾ de taza de cerezas congeladas
- ¼ de taza de moras blancas secas
- 1 ½ taza de pulpa de ciruela, sin hueso
- 2 cucharadas de acai en polvo
- ½ taza de agua
- 1 cucharadita de extracto de vainilla
- 1 taza de hielo
- Endulzante para potenciar el sabor

Bate todos los ingredientes, excepto el hielo, hasta que la mezcla tenga una textura suave. Luego añade el hielo y bate una vez más para que el batido esté bien frío. Pruébalo y añade endulzante si así lo deseas.

UN APORTE EXTRA DE SUPERALIMENTOS
Añadir 2 cucharadas de semillas de cáñamo.

ESPINO CERVAL DE MAR E HIGOS

En una época de mi vida viví en una casa que tenía una higuera, y durante tres agostos me vi inmersa en una batalla épica entre dos de las criaturas más glotonas: las ardillas y yo. Lamentablemente, nunca llegamos a ninguna solución razonable. Sin embargo, tuve ocasión de utilizar en mis batidos higos muy maduros, que les confieren una consistencia espesa y una textura tímidamente cremosa, por lo general reservada para ingredientes más fuertes y concentrados. Los higos son el complemento perfecto para el sabor peculiar del espino cerval de mar, que quizás te haga fruncir los labios. El resultado será un batido con muchas notas de sabor.

DOS RACIONES DE 500 ML

1 ½ taza de higos frescos cortados en cuartos y sin tallo

2 dátiles Medjool sin hueso

3 cucharadas de zumo de espino cerval de mar

1 cucharada de lúcuma en polvo

½ cucharada de mantequilla de almendras

½ taza de zumo de manzana

½ taza de leche de almendras sin endulzar

2 tazas de hielo

Endulzante para potenciar el sabor

Bate todos los ingredientes, excepto el hielo, hasta que la mezcla tenga una textura suave. A continuación agrega el hielo y mezcla una vez más hasta que el batido esté bien frío. Pruébalo y añade endulzante si lo crees necesario.

UN APORTE EXTRA DE SUPERALIMENTOS
Añadir 2 cucharadas de semillas de chía.

MELÓN CANTALUPO
Y MELOCOTÓN

Los suaves sabores de las frutas jugosas del verano aúnan fuerzas en esta mezcla refrescante y rejuvenecedora.

DOS RACIONES DE 500 ML

1 taza de melón cantalupo cortado en trozos

1 taza de fresas congeladas

2 tazas de trozos de melocotón

2 cucharadas de lúcuma en polvo

¼ de cucharadita de camu en polvo

2 cucharadas de zumo de espino cerval de mar

1 taza de agua de coco

¼ de taza de zumo de lima recién exprimido

Endulzante para potenciar el sabor

Bate en primer lugar el melón hasta obtener un zumo. A continuación añade el resto de los ingredientes y pon en marcha la batidora una vez más para que el batido esté bien frío. Pruébalo y endúlzalo a tu gusto.

UN APORTE EXTRA DE SUPERALIMENTOS
Añadir 1 cucharadita de hierba de trigo en polvo o de una mezcla de hortalizas verdes.

POMELO Y GRANADA

El pomelo tiene un sabor dominante al que le gusta ser el centro de atención (una de las razones por las que rara vez se incluye en un batido, que es más un deporte de equipos). A pesar de que en esta receta es el protagonista, combina maravillosamente bien con las otras frutas, dando como resultado un batido lleno de sabor.

DOS RACIONES DE 450 ML

- 2 tazas de fresas congeladas
- 1 ½ taza de hielo de té verde (página 30)
- 1 taza de pomelo en trozos, sin semillas ni piel
- 1 ½ taza de zumo de granada
- 2 cucharaditas de bayas de maqui en polvo
- ½ cucharadita de jengibre en polvo
- Endulzante para potenciar el sabor

Mezcla todos los ingredientes en la batidora hasta que estén bien fríos. Prueba el batido y endúlzalo a tu gusto.

UN APORTE EXTRA DE SUPERALIMENTOS
Añadir 2 cucharadas de semillas de cáñamo.

FRESAS Y PEPINO

Esta es una receta ligera, de bajo contenido en azúcar, muy hidratante y llena de minerales con propiedades cosméticas. Sus ingredientes son alimentos que potencian el brillo de la piel. No te amilanes a la hora de añadir un poco de endulzante para llevar los sabores hasta nuevas cotas.

DOS RACIONES DE 500 ML

- 2 tazas de fresas congeladas
- 2 tazas de trozos de pepino sin piel
- ¼ de taza de apio picado
- ¼ de taza de anacardos naturales
- 2 cucharadas de zumo de limón recién exprimido
- ½ cucharadita de menta fresca picada
- 1 taza de agua
- Endulzante para potenciar el sabor

Bate todos los ingredientes hasta que la mezcla tenga una textura suave y luego prueba el batido para endulzarlo a tu gusto.

UN APORTE EXTRA DE SUPERALIMENTOS
Añadir 2 cucharadas de bayas de goji secas.

ZANAHORIA Y CARDAMOMO

Hay algo apasionante en el cardamomo, es más fresco y reconfortante que muchas otras especias como puede ser la nuez moscada o incluso la canela. Combinado con las semillas de girasol (que se pueden mezclar con agua para preparar la «leche» más deliciosa), da lugar a este batido dulce de zanahorias que es muy especial. Te aconsejo que pruebes a preparar este batido combinando los dos ingredientes principales con cacao descascarillado, que le aporta un sorprendente e inesperado sabor.

DOS RACIONES DE 500 ML

¼ de taza de semillas de girasol

1 ½ taza de agua de coco

1 plátano congelado (página 83)

2 tazas de hielo

❋ 2 cucharadas de bayas de goji

❋ 1 cucharada de semillas de lino molidas

¼ de cucharadita de cardamomo en polvo

½ taza de zumo de zanahoria

Endulzante para potenciar el sabor

Bate las semillas de girasol y el agua de coco para obtener una «leche» de textura suave. Luego añade el resto de los ingredientes y mezcla otra vez. Para terminar, prueba el batido y si es necesario, añade endulzante a tu gusto.

....

UN APORTE EXTRA DE SUPERALIMENTOS

Después de batir los ingredientes tal como se ha indicado, añadir ¼ de taza de cacao descascarillado. Utilizar de nuevo la batidora hasta que el cacao se deshaga pero siga estando levemente crujiente.

....

MANGO Y PIMIENTO PICANTE

Este batido dulce y tropical con una nota especiada requiere utilizar polvo puro de pimientos picantes (algunos polvos se combinan con otras especias, como por ejemplo orégano y ajo), que le otorga un sabor intenso. Si no puedes conseguir el polvo puro, utiliza pimiento jalapeño rojo, fresco y sin semillas.

DOS RACIONES DE 500 ML

2 ½ tazas de trozos de
   mango congelado

❋ 3 cucharadas de semillas
   de cáñamo

❋ 2 cucharadas de bayas de
   goji secas

1 cucharadita de polvo de
   pimientos picantes (o de
   jalapeño fresco)

1 ½ taza de zumo de
   manzana

1 taza de agua

2 cucharadas de zumo de
   lima recién exprimido

Endulzante para potenciar el
   sabor (opcional)

Mezcla todos los ingredientes hasta que el batido tenga una textura suave. Luego pruébalo y añade endulzante a tu gusto.

UN APORTE EXTRA DE SUPERALIMENTOS

Añadir 1 cucharada de semillas de chía
para aportar mayor cantidad de fibra.

BATIDOS VERDES Y VIBRANTES

La revolución de los batidos verdes, que abarca desde los dulces hasta los picantes, está aumentando rápidamente y por buenas razones. Te invito a potenciar el efecto de un batido saludable con hortalizas de hojas verdes, que combinan impecablemente bien con las frutas y los alimentos más sabrosos, y lo único que nos recuerda su presencia beneficiosa en el batido es su color verde brillante. Cualquier variedad de hortalizas de hojas verdes frescas o congeladas es un ingrediente excepcional para los batidos, como también lo son los polvos liofilizados como el de hierba de trigo e incluso, ocasionalmente, la espirulina o la chlorella. Estas combinaciones tienen infinidad de beneficios y son soluciones revolucionarias para todos aquellos que quieren un poco más de verde en su dieta. Los batidos verdes son ideales para comenzar el día porque aportan rápidamente una gran cantidad de energía, aunque puedes disfrutarlos en cualquier otro momento... incluso pueden servirte como una cena ligera.

✳ INCLUYE UN INGREDIENTE QUE ES UN SUPERALIMENTO

✳ BELLEZA ◉ HUESOS FUERTES ◖ LIMPIEZA Y DESINTOXICACIÓN

♥ CORAZÓN SANO ✺ SISTEMA INMUNITARIO

◗ BAJO EN CALORÍAS ⬡ PROTEÍNAS

PLÁTANO Y LECHUGA ROMANA

El suave sabor de la lechuga romana la convierte en una brisa que se arremolina en tu batido. Me gusta especialmente utilizar el corazón de esta lechuga porque es muy tierno. Tienes toda la libertad de sustituir la chlorella por un concentrado de hortalizas verdes en polvo, como la hierba de trigo.

DOS RACIONES DE 500 ML

2 plátanos congelados (página 83)

3 tazas de hojas de lechuga romana picadas

½ cucharadita de polvo de chlorella

1 cucharadita de extracto de vainilla

1 ½ taza de agua de coco

1 taza de hielo con sabor a almendras (página 30)

Endulzante para potenciar el sabor

Bate todos los ingredientes hasta que la mezcla tenga una textura suave. Luego prueba el batido y corrige su dulzor si lo consideras necesario.

UN APORTE EXTRA DE SUPERALIMENTOS

Añadir 1 cucharada de acai en polvo para aportar antocianina, un potente agente antioxidante.

109

JENGIBRE Y PERA

El color verde de este batido puede hacer que renuncies a sus beneficios nutricionales, pero cuando lo prepares, notarás que solo sabe a fruta y a jengibre fresco. Si deseas potenciar su dulzor, puedes utilizar peras maduras que ya estén ligeramente blandas.

DOS RACIONES DE 350 ML

2 tazas de trozos de una
   pera madura
✳ ⅓ de taza de moras
   blancas secas
2 cucharaditas de jengibre
   fresco picado sin piel
✳ 2 tazas de espinacas
   congeladas picadas
1 ¾ taza de leche de
   almendras sin endulzar
Endulzante para potenciar el
   sabor

Bate todos los ingredientes hasta conseguir una textura suave. Prueba el batido y añade endulzante si lo consideras necesario.

UN APORTE EXTRA DE SUPERALIMENTOS

Añadir 2 cucharadas de semillas de cáñamo para aportar grasas saludables y proteínas.

PEPINO Y MENTA

Este batido es el paradigma de lo refrescante y su combinación de ingredientes es maravillosa para la piel. Me gusta añadir un toque mínimo de endulzante para que el delicado sabor del pepino hable por sí mismo. Si los pepinos son biológicos, puedes usarlos con piel para consumir más minerales.

DOS RACIONES 500 ML

3 tazas de trozos de
   pepino (pelado si no es
   biológico)
¼ de taza de anacardos
   naturales
¼ de taza de hojas de
   menta fresca picadas
2 tazas de espinacas tiernas
1 cucharada de zumo de
   limón recién exprimido
3 tazas de hielo con sabor
   a coco (página 30)
Endulzante para potenciar el
   sabor (opcional)

Bate todos los ingredientes, excepto el hielo con sabor a coco, hasta que la textura del batido sea suave. Luego añade el hielo y bate una vez más los ingredientes. Por último, endulza a tu gusto.

UN APORTE EXTRA DE SUPERALIMENTOS
Añadir ½ cucharadita de camu en polvo para aportar más vitamina C, beneficiosa para la piel.

MANZANA Y RÚCULA

En vez de intentar ocultar el sabor fuerte de la rúcula, este batido de color verde claro celebra su presencia en una mezcla fresca y reconfortante.

DOS RACIONES DE 500 ML

1 pera muy madura

※ 2 cucharadas de semillas de cáñamo

※ 1 taza de hojas de rúcula

3 cucharadas de zumo de limón recién exprimido

1 ½ taza de zumo de manzana

1 taza de hielo

Endulzante para potenciar el sabor

Bate todos los ingredientes hasta que la mezcla tenga una textura suave. Luego prueba el batido y añade endulzante hasta que esté a tu gusto.

UN APORTE EXTRA DE SUPERALIMENTOS
Añadir ½ cucharadita de camu en polvo.

MANGO Y COCO

Este batido de color verde claro y de sabor refrescante es una gran receta para cualquier persona a la que le encante la idea de tomar batidos verdes y quiera empezar a habituarse a ellos lentamente, porque es imposible detectar el sabor de la hierba de trigo.

DOS RACIONES DE 500 ML

1 ½ taza de trozos de mango congelado

1 taza de hielo con sabor a coco (página 30)

1 ½ taza de leche de coco (variedad comercializada en envases de cartón)

1 pera muy madura

1 ½ cucharada de lúcuma en polvo

1 cucharadita de hierba de trigo en polvo

2 cucharadas de semillas de chía

Endulzante para potenciar el sabor

Mezcla todos los ingredientes hasta conseguir un batido con una textura suave. Luego pruébalo y endúlzalo a tu gusto.

UN APORTE EXTRA DE SUPERALIMENTOS

Añadir ½ cucharadita de camu en polvo.

LÚCUMA Y LIMA

¡Este exquisito batido es tan cremoso que pensarías que tiene yogur!

DOS RACIONES DE 500 ML

1½ taza de espinacas
congeladas

1 plátano congelado
(página 83)

3 cucharadas de puré de
aguacate

2 cucharadas de lúcuma en
polvo

¼ de taza de zumo de lima
recién exprimido

2 tazas de agua de coco

Endulzante para potenciar el
sabor

Bate todos los ingredientes hasta conseguir una textura suave. Prueba el batido para endulzarlo a tu gusto.

UN APORTE EXTRA DE SUPERALIMENTOS

Añadir 2 cucharadas de proteínas
de cáñamo en polvo.

ALMENDRAS DULCES

Esta delicada combinación se parece mucho a un batido con leche principalmente porque incluye espinacas congeladas, un ingrediente que aporta textura pero prácticamente ningún sabor. Si tienes extracto de almendras a mano (¡mmm!) puedes echar una o dos gotas en el batido para realzar un poco más su sabor.

DOS RACIONES DE 500 ML

1 plátano congelado
(página 83)
※ 1 taza de espinacas
congeladas picadas
⅔ de taza de mango fresco
cortado en pequeños
cubos, descartando la
piel y el hueso
※ 2 cucharadas de semillas
de cáñamo
1¾ taza de leche de
almendras sin endulzar
1 taza de hielo
Endulzante para potenciar el
sabor

Bate todos los ingredientes hasta conseguir una mezcla con una textura suave y luego prueba el batido para endulzarlo a tu gusto.

....

UN APORTE EXTRA DE SUPERALIMENTOS
Añadir 1 cucharadita de hierba de trigo en polvo para beneficiarse de las propiedades de las hortalizas verdes.

....

PIÑA Y BERROS

El berro es una de las hortalizas más sustanciosas para las ensaladas y ha demostrado ser un agente anticancerígeno; esto lo convierte en un héroe de la nutrición. Por su sabor especiado y picante, los berros no pueden «enmascararse» en un batido, aunque es posible equilibrar o compensar su sabor; en esta receta la piña y el aguacate se encargan de suavizarlo. Esta combinación es especialmente tentadora con un pequeño toque de endulzante.

DOS RACIONES DE 500 ML

½ taza de piña congelada

1 taza de trozos de una
    pera muy madura

1 taza de berros

¼ de taza de puré de
    aguacate

½ cucharada de camu en
    polvo

1 ½ taza de zumo de piña

2 tazas de hielo de té verde
    (página 30)

Endulzante para potenciar el
    sabor

Bate todos los ingredientes, excepto el hielo, hasta que la mezcla tenga una textura suave. Luego agrega el hielo y bate una vez más para que el batido esté bien frío. Pruébalo para endulzarlo a tu gusto.

UN APORTE EXTRA DE SUPERALIMENTOS
Añadir 1 cucharada de semillas de chía.

TÉ VERDE Y PERA

Este batido ayuda a perder peso de una manera saludable y reconfortante gracias al té verde, que estimula el metabolismo, y al gel de chía, que da sensación de saciedad a pesar de ser bajo en calorías. Es la receta menos concentrada y con menor contenido en calorías de todas las que presento en este libro.

DOS RACIONES DE 500 ML

3 tazas de trozos de peras
    muy maduras

1 ½ taza de té verde frío

✻ 1 taza de gel de chía
    (página 44)

✻ 1 cucharadita de hierba de
    trigo en polvo

Endulzante para potenciar el
    sabor

Mezcla todos los ingredientes hasta que el batido tenga una textura suave; luego pruébalo y endúlzalo a tu gusto.

UN APORTE EXTRA DE SUPERALIMENTOS

Añadir 20 gotas (o más) de concentrado de clorofila para potenciar la energía… y también el color.

CHOCOLATE Y COL RIZADA

A algunas personas no les gustan las hortalizas, pero casi todo el mundo adora el chocolate. Y ese es precisamente el sabor que impera en este batido espeso y absolutamente irresistible.

DOS RACIONES DE 500 ML

2 plátanos congelados
(página 83)

1 taza de hielo

1 ½ taza de col rizada
picada

3 cucharadas de cacao
descascarillado

2 cucharadas de cacao en
polvo

1 ½ tazas de leche de
arroz (variedad original)

Endulzante para potenciar el
sabor

Bate todos los ingredientes hasta que la mezcla tenga una textura suave y luego prueba el batido para endulzarlo a tu gusto.

UN APORTE EXTRA DE SUPERALIMENTOS

Añadir 2 cucharadas de semillas de cáñamo
para aportar grasas saludables.

MENTA Y ESPINACAS

En este batido te aguardan los abundantes beneficios de la espinaca, escondidos detrás de un convincente sabor a helado. Es tan rico que te hace pensar por qué motivo no se usan espinacas en todas las bebidas con gusto a menta. Me encanta el toque de chocolate negro que le otorga el cacao descascarillado sin llegar a ser el sabor dominante.

DOS RACIONES DE 550 ML

- 2 tazas de espinacas congeladas
- 2 tazas de plátanos congelados (página 83)
- ¼ de taza de anacardos naturales
- 3 cucharadas de cacao descascarillado
- 2 cucharadas de hojas de menta fresca picadas
- 1 cucharadita de extracto de vainilla
- 2 tazas de leche de arroz (variedad original)
- ½ taza de agua de coco
- Endulzante para potenciar el sabor

Bate todos los ingredientes hasta que la mezcla tenga una textura suave. Luego prueba el batido y endúlzalo a tu gusto.

UN APORTE EXTRA DE SUPERALIMENTOS
Añadir ¼ cucharadita de chlorella en polvo (o al gusto)

PROTEÍNAS VERDES

¿Qué sucede cuando dos de los tipos más populares de batidos potentes (batidos de proteínas y batidos verdes) aúnan fuerzas? El resultado es esta maravillosa bebida cremosa que puede servirte como una comida suculenta, o incluso como una cena tan sana que ningún otro alimento podría igualar.

DOS RACIONES DE 500 ML

⅔ de taza de apio picado

※ ⅓ de taza de moras blancas secas

1 ½ taza de leche de almendras sin endulzar

※ 2 tazas de espinacas tiernas

※ 3 cucharadas de proteína de cáñamo en polvo

2 cucharadas de mantequilla de almendras

2 tazas de hielo con sabor a almendras (página 30)

Endulzante para potenciar el sabor

Bate todos los ingredientes, excepto el hielo, hasta que la mezcla tenga una textura suave. Agrega hielo y bate una vez más para que el batido esté cremoso. Luego pruébalo y endúlzalo a tu gusto.

UN APORTE EXTRA DE SUPERALIMENTOS

Añadir una cantidad extra de semillas de cáñamo para potenciar el sabor y aportar más proteínas y grasas saludables.

LIMÓN Y LIMA

Dejemos que la verdad salga a la luz: la primera vez hice este batido como una variación sensiblera de uno de los margaritas más sanos que suelo preparar de vez en cuando (sí, efectivamente, también echo superalimentos en mis cócteles, ¿por qué no?). Dejando a un lado el tequila, esta versión sigue teniendo el sabor agrio de un cóctel margarita pero con beneficios más concentrados. Tiene un sabor cítrico con notas agrias muy predominantes y seguramente te apetecerá endulzarlo un poco. Suelo añadir 15 gotas de estevia en el vaso de la batidora y una cucharada de azúcar de coco como un regalo especial.

DOS RACIONES DE 500 ML

3 tazas de col china tierna picada

2 ½ tazas de hielo de coco (página 30)

½ cucharadita de ralladura de limón fresca

¼ de taza de zumo de limón recién exprimido

¼ de taza de zumo de lima recién exprimido

1 taza de agua de coco

Endulzante para potenciar el sabor

Bate todos los ingredientes hasta que el batido esté bien frío y su textura sea suave. Luego pruébalo y endúlzalo a tu gusto.

UN APORTE EXTRA DE SUPERALIMENTOS
Añadir 1 cucharadita de hierba de trigo en polvo.

SÉSAMO Y MANZANA

Tengo una cierta obsesión por incluir tahini en las recetas saladas porque es un excelente complemento para los alimentos de origen vegetal y ofrece fácilmente ese toque adicional que necesita una receta para llegar al estrellato. Echar tahini en los batidos nos brinda múltiples y sorprendentes recompensas. En esta receta se une con una de sus mejores amigas, la col rizada, en un contexto ligeramente dulce.

DOS RACIONES DE 500 ML

1 plátano congelado
(página 83)

2 tazas de col rizada

1 cucharada de tahini sin
sal

½ cucharadita de jengibre
en polvo

1 ½ taza de zumo de
manzana

2 tazas de hielo de té verde
(página 30)

Endulzante para potenciar el
sabor (opcional)

Bate todos los ingredientes, excepto el hielo, hasta que el batido tenga una textura suave. A continuación agrega el hielo y mezcla una vez más para que se enfríen. Prueba el batido y endúlzalo si lo consideras necesario.

UN APORTE EXTRA DE SUPERALIMENTOS
Añadir ½ cucharadita de camu en polvo.

GUISANTES DULCES

Los guisantes cocidos y congelados, cremosos y ligeramente suaves, son un ingredien-te maravilloso para añadir a los batidos y una buena fuente de proteínas. Esta mezcla presenta propiedades desintoxicantes (debido al perejil fresco, que es muy alcalino) y contiene muchos minerales.

DOS RACIONES DE 500 ML

¼ de taza de anacardos
naturales
1 ½ taza de zumo de
manzana
2 tazas de guisantes
congelados
※ ½ taza de hojas de perejil
fresco picadas
※ 1 cucharada de hojas de
menta fresca picadas
※ ¼ de cucharadita de camu
en polvo
Endulzante para potenciar el
sabor

Bate todos los ingredientes hasta que el batido tenga una textura suave y luego pruébalo para añadir endulzante si lo consideras necesario.

UN APORTE EXTRA DE SUPERALIMENTOS

Añadir 2 cucharadas de proteina de cáñamo en polvo para que este batido verde esté colmado de proteínas.

ROMERO Y NARANJA

Desde un punto de vista culinario, una de las cosas que más aprecio de los batidos es lo fácil que resulta crear perfiles de sabor verdaderamente sofisticados y casi con el mismo esfuerzo que se necesita para cargar una lavadora. Este sensacional batido es un ejemplo brillante de extraordinarios sabores naturales trabajando juntos en armonía.

DOS RACIONES DE 500 ML

- ¼ de taza de moras blancas secas
- ¼ de taza de anacardos naturales
- 3 tazas de espinacas tiernas
- 2 cucharadas de puré de aguacate
- 1 cucharadita de ralladura de naranja
- 1 ½ cucharadita de romero fresco picado
- 1 ½ taza de zumo de naranja
- 2 tazas de hielo
- Endulzante para potenciar el sabor

Bate todos los ingredientes, excepto el hielo, hasta obtener una textura suave. Añade el hielo y mezcla una vez más para que el batido esté bien frío. Pruébalo y agrega endulzante a tu gusto.

UN APORTE EXTRA DE SUPERALIMENTOS
Añadir ½ cucharadita de cumu en polvo.

BATIDO PARA PERROS
(CONOCIDO TAMBIÉN COMO
«LA MEZCLA ESPECIAL DE FRITZ»)

Sí, efectivamente, también puedes preparar batidos de superalimentos para tu perro, ¡y te aseguro que te lo agradecerá con muchos lametones y moviendo el rabo! Tengo un pastor alemán que se llama Fritz y le doy batidos verdes desde que era un cachorro para ofrecerle la mejor nutrición. Le gustan tanto que presta mucha atención cuando ve que me acerco a la batidora. Naturalmente, hay muchos batidos verdes que puedes darle a tu perro, pero la siguiente receta es el favorito de Fritz.

DOS RACIONES DE 500 ML

✳ 2 tazas de col rizada picada (se pueden incluir los tallos)

1 plátano

✳ 1 cucharada de semillas de chía

✳ 1 cucharada de proteínas de cáñamo en polvo

½ cucharada de mantequilla de cacahuete

1 taza de agua

Bate todos los ingredientes hasta obtener una textura suave. La cantidad que debes darle a tu mascota depende de su edad, su nivel de actividad y su tamaño. Empieza por pocas cantidades y auméntalas progresivamente.

BATIDOS Y MASCOTAS

Existen muchos alimentos que son particularmente adecuados para preparar batidos para perros, incluyendo aceites y semillas de superalimentos (por ejemplo, cáñamo, chía y lino), debido a sus grasas antiinflamatorias; algunas frutas (como los plátanos y las manzanas) como un obsequio especial, y cualquier variedad de hortalizas de hojas verdes que imitan la dieta más intuitiva de los perros (¡existe una razón por lu que los perros comen hierba!) y aportan muchas de las vitaminas y minerales que no suelen abundar en las fórmulas comerciales o en las dietas crudas en las que predomina la carne. Una pequeña cantidad de mantequilla de cacahuete puede convencer incluso al más caprichoso de los perros de que pruebe el batido.

Debes saber que existen unos pocos alimentos vegetales comunes y algunos superalimentos que nunca deberías incluir en un batido para tu perro debido a la sensibilidad animal y también a la toxicidad.

Nunca le des a tu mascota los siguientes alimentos:

- Aguacate
- Cacao/chocolate
- Uvas/uvas pasas
- Nueces de macadamia
- Té

FRAMBUESA Y JALAPEÑO

A pesar de su fama, la carne de los pimientos jalapeños no es demasiado picante. En esta receta aportan una nota ligera al sabor de las frambuesas, pero si te apetece una receta más picante, puedes añadir algunas de las semillas del pimiento a la mezcla. Debes asegurarte de mezclarlo muy cuidadosamente para evitar la sorpresa de tomar un sorbo de fuego.

DOS RACIONES DE 500 ML

¼ de taza de dátiles Medjool sin hueso (unas tres o cuatro piezas grandes)

1 pimiento jalapeño sin tallo ni semillas

1 ½ taza de agua de coco

1 taza de frambuesas congeladas

1 taza de fresas congeladas

1 ½ taza de espinacas congeladas

1 taza de leche de arroz (variedad original)

2 cucharadas de zumo de lima recién exprimido

Endulzante para potenciar el sabor

Bate los dátiles, el pimiento jalapeño y el agua de coco hasta obtener una textura suave. Agrega el resto de los ingredientes y bate una vez más para que la mezcla esté bien fría. Prueba el batido y endúlzalo a tu gusto.

UN APORTE EXTRA DE SUPERALIMENTOS
Añadir 1 cucharada de semillas de chía.

SANDÍA Y PEPINO

Estas dos plantas hidratantes son de la misma familia y resultan aún más refrescantes cuando se combinan en la batidora. Este batido es también un ejemplo perfecto de cómo unas pocas gotas de estevia pueden realzar de forma magnífica los sabores suaves.

DOS RACIONES DE 550 ML

4 tazas de sandía cortada en cubos pequeños, sin semillas

2 tazas de pepino picado, sin piel

1 ½ taza de espinacas congeladas

1 cucharada de semillas de chía

1 cucharada de hojas de albahaca fresca picadas

1 cucharada de zumo de lima recién exprimido

2 tazas de hielo

Endulzante para potenciar el sabor

Bate la sandía y el pepino para obtener su zumo. Agrega el resto de los ingredientes y bate una vez más hasta que la textura de la mezcla sea suave. Luego prueba el batido y añade endulzante si es necesario.

UN APORTE EXTRA DE SUPERALIMENTOS

Añadir 1 cucharadita de hierba de trigo en polvo.

CÍTRICOS Y ALOE VERA

El zumo de aloe vera es excelente para la digestión y para desintoxicar el organismo; tiene un sabor «limpio» y amargo que combina muy bien con los cítricos, mi forma preferida de tomarlo. Además de su delicioso sabor, este batido es particularmente beneficioso para tener una piel radiante.

DOS RACIONES DE 500 ML

1 taza de piña congelada

1 taza de hielo con sabor a coco (página 30)

¼ de taza de perejil picado

1 cucharadita de hierba de trigo en polvo

2 cucharadas de puré de aguacate

2 tazas de zumo de naranja

¼ de taza de zumo de aloe vera

Endulzante para potenciar el sabor

Bate todos los ingredientes hasta que la textura del batido sea suave y luego pruébalo para endulzarlo a tu gusto.

....

UN APORTE EXTRA DE SUPERALIMENTOS

Añadir 1 cucharadita más de hierba de trigo en polvo.

....

PLÁTANO E HINOJO

El hinojo fresco tiene un sabor refrescante y anisado, es capaz de animar cualquier fiesta de hortalizas verdes a la que lo inviten. Añade a la mezcla un poco de endulzante natural a base de frutas y obtendrás un batido verde con un sabor parecido a una golosina que sin lugar a dudas conseguirá sorprenderte.

DOS RACIONES DE 500 ML

- 1 taza de col rizada congelada
- 1 taza de hinojo fresco picado (solo el bulbo)
- 2 cucharadas de moras blancas secas
- 1 plátano muy maduro
- 2 cucharadas de zumo de limón recién exprimido
- 1 taza de zumo de manzana
- 1 ½ taza de hielo
- Endulzante para potenciar el sabor

Bate todos los ingredientes, excepto el hielo, hasta obtener una mezcla cremosa. Luego añade el hielo y bate una vez más para que la bebida esté bien fría. Prueba el batido y endúlzalo a tu gusto.

UN APORTE EXTRA DE SUPERALIMENTOS
Añadir 1 cucharada de semillas de chía.

BATIDOS RICOS Y CREMOSOS

Estas deliciosas recetas se parecen a los batidos que incluyen leche y sus sabores van desde el chocolate clásico hasta el exótico acai. Son el escenario perfecto para utilizar superalimentos más concentrados como las semillas y las proteínas de cáñamo, las semillas de chía, el acai, el cacao y la maca. Estos batidos ricos y cremosos tienen un alto contenido en minerales, grasas saludables y proteínas, y el delicioso placer de tomarlos se transforma en una bomba de nutrientes. Sacian el hambre sin producir pesadez y por eso son excelentes para tomar como aperitivo, a la hora de la comida o incluso como sustituto del postre. Muchos de ellos son también ideales para regenerar tu organismo después de hacer ejercicio.

❋ INCLUYE UN INGREDIENTE QUE ES UN SUPERALIMENTO

❋ BELLEZA ◐ HUESOS FUERTES ❧ LIMPIEZA Y DESINTOXICACIÓN

♥ CORAZÓN SANO ✺ SISTEMA INMUNITARIO

◉ BAJO EN CALORÍAS ⬡ PROTEÍNAS

LÚCUMA Y MACADAMIA

Uno de mis proyectos actuales en Navitas Naturals, la empresa de superalimentos en la que trabajo, es desarrollar nuevas recetas de batidos de superalimentos (lo sé, ¡toda una prueba para mí!) para su popular campaña Smoothment (conoce el contenido completo de la campaña en la página web www.smoothment.navitasnaturals.com).

Esta es una versión de uno de mis batidos preferidos de esa serie.

DOS RACIONES DE 500 ML

2 tazas de hielo

¼ de taza de nueces de macadamia sin sal

2 dátiles Medjool grandes, sin hueso

¼ de taza de tofu sedoso

2 cucharadas de lúcuma en polvo

1 cucharada de semillas de lino en polvo

1 cucharada de semillas de cáñamo

1 cucharada de azúcar de coco (o estevia para endulzar)

¾ de taza de agua de coco fresca

Endulzante para potenciar el sabor (opcional)

Bate todos los ingredientes hasta conseguir una mezcla de textura suave. Luego prueba el batido y endúlzalo a tu gusto.

UN APORTE EXTRA DE SUPERALIMENTOS

Añadir 1 cucharadita de hierba de trigo en polvo.

ARÁNDANOS Y MAQUI

Lo que me encanta de este batido es la ligereza de sus ingredientes combinada con su textura cremosa. Aunque muy rara vez añado azúcares (por ejemplo, sirope de arce) a los batidos saludables, en este caso una sola cucharada otorga un toque muy especial al sabor de las bayas.

DOS RACIONES DE 350 ML

- 2 tazas de arándanos congelados
- ½ taza de puré de tofu sedoso
- 2 cucharaditas de bayas de maqui en polvo
- ½ cucharadita de canela en polvo
- 1 cucharada de sirope de arce (del grado B, si es posible)
- 1 ½ taza de agua de coco
- Endulzante para potenciar el sabor (opcional)

Bate todos los ingredientes hasta que la mezcla tenga una textura suave. Pruébala para añadir endulzante si lo consideras necesario.

UN APORTE EXTRA DE SUPERALIMENTOS
Añadir un puñado grande de espinacas frescas o col rizada para potenciar el efecto desintoxicante.

CHOCOLATE MAYA

Aunque las culturas antiguas de América Central no tenían batidoras, consumían chocolate con frecuencia en una forma parecida a un batido. Molían los granos de cacao junto con frutos secos, pimientos y especias hasta formar una pasta; luego añadían agua a la mezcla y la consumían como una bebida amarga y fría. La siguiente receta es un homenaje a las recetas de cacao «originales» del mundo, pero esta versión más dulce es biológicamente potente y deliciosamente intensa.

DOS RACIONES DE 350 ML

½ taza de dátiles Medjool, sin hueso (alrededor de tres a cuatro piezas grandes)

2 cucharadas de mantequilla de almendras

3 cucharadas de cacao descascarillado

1 cucharada de cacao en polvo

¼ de cucharada de pimienta de cayena en polvo

¼ de cucharadita de canela en polvo

1 cucharadita de extracto de vainilla

1 ½ taza de agua

2 tazas de hielo

Bate todos los ingredientes, excepto el hielo, hasta conseguir una textura suave. A continuación añade el hielo y mezcla otra vez para que el batido esté bien frío.

UN APORTE EXTRA DE SUPERALIMENTOS

Añadir 2 cucharadas de semillas de chía para aportar más fibra y grasas saludables.

PASTEL DE CALABAZA

El puré de calabaza es un ingrediente inspirador para los batidos por sí mismo. ¡Es cremoso, espeso y ligeramente dulce! Esta receta constituye una forma fabulosa (y sana) de disfrutar de tu placer favorito de las vacaciones durante todo el año.

DOS RACIONES DE 600 ML

1 taza de puré de calabaza en conserva

¼ de taza de dátiles Medjool sin hueso (entre tres y cuatro piezas)

1 cucharada de mantequilla de almendras

2 cucharadas de semillas de cáñamo

2 cucharadas de semillas de lino

1 cucharadita de especias en polvo para pastel de calabaza

1 ½ taza de leche de almendras sin endulzar

3 tazas de hielo con sabor a coco (página 30)

Endulzante para potenciar el sabor (opcional)

Bate todos los ingredientes, excepto el hielo con sabor a coco, hasta que el batido esté cremoso. Luego añade el hielo y vuelve a batir para que esté bien frío. Pruébalo y endúlzalo a tu gusto.

UN APORTE EXTRA DE SUPERALIMENTOS
Añadir ½ cucharadita de hierba de trigo en polvo para aportar una cantidad adicional de vitaminas y minerales.

PISTACHOS Y CEREZAS

Los pistachos le otorgan a este batido un intenso sabor dulce y cremoso, que lo convierte en una verdadera exquisitez. Además, gracias a los antioxidantes presentes en las cerezas, en las bayas de goji e incluso en los pistachos, este batido es particularmente beneficioso para proteger la vista.

DOS RACIONES DE 500 ML

1 ½ taza de cerezas batidas, sin hueso

¼ de taza de pistachos sin sal ni piel

¼ de taza de bayas de goji secas

1 cucharadita de extracto de vainilla

1 taza de agua

1 ½ taza de hielo

Endulzante para potenciar el sabor (opcional)

Bate todos los ingredientes, excepto el hielo, hasta que la mezcla resulte suave y cremosa. Agrega el hielo y vuelve a batirla para que esté bien fría. Prueba el batido para añadir más endulzante si lo consideras necesario.

....

UN APORTE EXTRA DE SUPERALIMENTOS

Añadir 1 cucharada de cacao en polvo.

....

ZANAHORIA CREMOSA

Dedico este reconfortante batido a todos mis amigos que adoran el zumo de zanahoria. Es muy semejante a un helado y sus ingredientes se mezclan maravillosamente bien con el delicioso sabor dulce de la zanahoria.

DOS RACIONES DE 500 ML

1 plátano congelado
  (página 83)

⅓ de taza de anacardos
  naturales

 ⅓ de taza de semillas de
  cáñamo

¾ de cucharadita de
  extracto de vainilla

1 ½ taza de zumo de
  zanahoria

2 tazas de hielo

Endulzante para potenciar el
  sabor

Bate todos los ingredientes, excepto el hielo, hasta obtener una textura cremosa. A continuación añade el hielo y bate la bebida una vez más para que esté bien fría. Pruébala y añade endulzante a tu gusto.

UN APORTE EXTRA DE SUPERALIMENTOS

Añadir 1 cucharadita de hierba de trigo en polvo para aportar hortalizas verdes sin que se note su sabor en el batido.

PLÁTANO Y AVENA

Colmado de proteínas, fibra y carbohidratos y con una gran concentración de nutrientes, este batido es contundente y puede conseguir que «un desayuno delicioso» se eleve hasta un nivel superior. Debes tener en cuenta que si lo dejas reposar durante más de treinta minutos, se pondrá muy espeso aunque conservará su sabor original.

DOS RACIONES DE 500 MI

⅓ de taza de copos de avena

½ taza de moras blancas secas

2 plátanos congelados (página 83)

3 cucharadas de proteína de cáñamo en polvo

1 cucharadita de extracto de vainilla

1 ½ taza de agua

1 ½ taza de hielo

Endulzante para potenciar el sabor (opcional)

Bate todos los ingredientes hasta conseguir una textura cremosa. Prueba el batido para endulzarlo a tu gusto.

UN APORTE EXTRA DE SUPERALIMENTOS

Añadir 1 cucharadita de bayas de maqui en polvo para aportar una mayor cantidad de antioxidantes contra el envejecimiento.

ESPINO CERVAL DE MAR Y MANGO

El zumo de espino cerval otorga un cierto sabor cítrico al mango, lo que demuestra que estas dos frutas de oro se llevan definitivamente bien. Un toque de endulzante puede realzar aún más su sabor, no tengas miedo de utilizarlo.

DOS RACIONES DE 500 ML

3 tazas de trozos de mango congelado

�֍ 2 cucharadas de semillas de cáñamo

✖ 3 cucharadas de zumo de espino cerval de mar

2 tazas de leche de arroz (variedad original)

1 cucharadita de extracto de vainilla

Endulzante para potenciar el sabor

Bate todos los ingredientes hasta que el batido tenga una textura suave y luego pruébalo y agrega endulzante a tu gusto.

....

UN APORTE EXTRA DE SUPERALIMENTOS
Añadir 2 cucharadas de semillas de chía para aportar mayor cantidad de fibra.

....

PIÑA Y MACA

La maca rara vez se lleva bien con otras frutas, excepto los plátanos. Sin embargo, en esta receta las notas de piña conectan con el sabor terroso de la maca y la refrescan con un poco de amor tropical.

DOS RACIONES DE 500 ML

2 tazas de piña congelada

1 ½ taza de agua de coco

2 cucharadas de
mantequilla de almendras

1 plátano congelado
(página 83)

2 cucharaditas de maca
Endulzante para potenciar el
sabor (opcional)

Bate todos los ingredientes hasta que la mezcla esté bien fría y a continuación prueba el batido para endulzarlo a tu gusto.

UN APORTE EXTRA DE SUPERALIMENTOS

Añadir ½ cucharadita de camu en polvo
para aportar vitaminas adicionales.

MASA PARA GALLETAS

A pesar de que este batido no contiene masa para galletas, ¡realmente sabe igual! Los dátiles con su sabor parecido al caramelo, las ricas y nutrientes pecanas y el cacao descascarillado con su toque de chocolate se mezclan perfectamente bien con la lúcuma en polvo (cuyo sabor natural es parecido al de las galletas), creando un batido maravilloso.

DOS RACIONES DE 400 ML

¼ de taza de pecanas
    naturales
¼ de taza de dátiles
    Medjool sin hueso (unas
    3 o 4 piezas grandes)
1 taza de trozos de pera
    (muy madura)
2 cucharadas de lúcuma en
    polvo
✳ 1 cucharadita de maca en
    polvo
1 ½ taza de leche de
    almendras
✳ 2 cucharadas de cacao
    descascarillado
2 tazas de hielo con sabor
    a coco (página 30)
Endulzante para potenciar el
    sabor (opcional)

Bate todos los ingredientes, excepto el cacao descascarillado y el hielo con sabor a coco, hasta que el batido tenga una textura cremosa y suave. Agrega el cacao y el hielo, y vuelve a mezclar hasta que la bebida esté bien fría; el cacao descascarillado semeja ser «trocitos de chocolate» y añade un toque crujiente. Es probable que no necesites potenciar su dulzor, aunque puedes probarlo y decidir por ti mismo.

UN APORTE EXTRA DE SUPERALIMENTOS
Añadir 1 cucharada de semillas de chía.

PLÁTANO CARAMELIZADO

Adoro los plátanos caramelizados porque transforman los plátanos naturales, que ya de por sí son deliciosos, en algo que es un puro lujo utilizando solamente unos pocos ingredientes y con un mínimo esfuerzo. Este no es un batido para consumir diariamente, pero puedes tomarlo como si fuera un postre especial o quizás homenajear con él a alguna persona a la que quieres impresionar, porque te aseguro que es una verdadera delicia.

DOS RACIONES DE 350 ML

2 plátanos pelados y cortados en rodajas de 1,25 cm

1 cucharada de azúcar de coco

1 cucharada de aceite de coco

1 taza de leche de almendras sin endulzar

1 cucharada de maca en polvo

2 cucharadas de semillas de chía

3 tazas de hielo con sabor a coco (página 30)

Endulzante para potenciar el sabor (opcional)

Mezcla bien los plátanos con el azúcar de coco en un cuenco de tamaño medio. Calienta el aceite de coco a fuego moderado en una pequeña sartén hasta que se derrita. Agrega los plátanos y cocínalos, removiendo ocasionalmente, durante cinco minutos o hasta que los plátanos se doren y el azúcar esté caramelizado. Retira la sartén del fuego y pasa el contenido a un cuenco. Vierte el líquido que ha quedado en la sartén encima de los plátanos y guárdalos en el congelador durante 15 minutos. Luego saca los plátanos del congelador y échalos en la batidora. Agrega el resto de los ingredientes y bate hasta que la mezcla esté fría y suave. El batido se parece a un postre y puedes potenciar un poco más su dulzor si lo deseas, aunque no creo que te apetezca.

UN APORTE EXTRA DE SUPERALIMENTOS

Incluye un poco de verde en este batido añadiendo 1 cucharadita de hierba de trigo en polvo.

FRAMBUESAS Y ALMENDRAS

Aunque no tengo ninguna prueba definitiva, creo que mientras las frambuesas pasan sus días holgazaneando en la huerta sueñan con convertirse en este dulce y reconfortante batido algún día.

DOS RACIONES DE 500 ML

- 2 tazas de frambuesas congeladas
- ¼ de taza de dátiles Medjool sin hueso (entre 3 y 4 piezas grandes)
- 2 cucharadas de mantequilla de almendras
- 2 cucharadas de acai en polvo
- 1 cucharada de cacao descascarillado
- 1 cucharadita de vainilla
- 1 ½ taza de agua de coco
- 1 taza de hielo
- Endulzante para potenciar el sabor (opcional)

Bate todos los ingredientes hasta obtener una textura suave y luego prueba el batido y endúlzalo a tu gusto.

....

UN APORTE EXTRA DE SUPERALIMENTOS
Utilizar moras secas en lugar de dátiles Medjool.

....

TÉ VERDE Y GOJI

El té y las bayas de goji son prácticamente sinónimos en China, donde el goji es una planta autóctona. Tiene sentido que se junten en este batido, que me recuerda a un helado de té verde. Si puedes encontrar matcha en polvo (hojas de té verde jóvenes, molidas muy finamente), añádelo a este batido para beneficiarte de sus propiedades saludables y también para potenciar su sabor.

DOS RACIONES DE 500 ML

¼ de taza de anacardos naturales

1 plátano congelado (página 83)

3 cucharadas de bayas de goji secas

½ taza de zumo de manzana

1 ½ taza de té verde (frío)

1 taza de hielo

Endulzante para potenciar el sabor

Bate todos los ingredientes, excepto el hielo, hasta que la mezcla adquiera una textura suave. Luego agrega el hielo y bate una vez más para que el batido esté bien frío. Pruébalo y endúlzalo a tu gusto.

UN APORTE EXTRA DE SUPERALIMENTOS
Añadir 1 cucharada de hierba de trigo en polvo.

NARANJA CREMOSA

Una bebida con el sabor de un batido de naranja, que ni siquiera la palabra sorprendente *puede llegar a describir apropiadamente. Beberla es como estar en el paraíso.*

DOS RACIONES DE 400 ML

¼ de taza de anacardos
  naturales
¼ de taza de semillas de
  cáñamo
¼ de taza de dátiles
  Medjool sin hueso
  (alrededor de 3 o 4
  piezas grandes)
1 cucharadita de camu en
  polvo
2 cucharaditas de ralladura
  de naranja fresca
1 ½ taza de zumo de
  naranja
2 tazas de hielo con sabor
  a coco (página 30)
Endulzante para potenciar el
  sabor

Bate todos los ingredientes hasta obtener una textura suave. A continuación prueba el batido y endúlzalo si lo consideras necesario.

UN APORTE EXTRA DE SUPERALIMENTOS
Añadir 1 cucharada de bayas de goji para realzar el color naranja del batido.

MAQUI Y PLÁTANO

Prueba la belleza profunda de un batido sobriamente delicioso.

DOS RACIONES DE 400 ML

3 plátanos congelados
  (página 83)
2 ¼ tazas de leche de coco
  (variedad comercializada
  en envases de cartón)
1 cucharada de bayas de
  maqui en polvo
Endulzante para potenciar el
  sabor (opcional)

Bate todos los ingredientes hasta que la mezcla tenga una textura suave. Prueba luego el batido para endulzarlo a tu gusto.

UN APORTE EXTRA DE SUPERALIMENTOS
Añadir 1 cucharada de semillas de chía.

MACA Y AVENA

Mi madre es una persona de hábitos: cuando encuentra algo que le gusta, lo convierte en su estilo de vida. De manera que no me sorprendí cuando después de descubrir que le gustaba incluir un poco de maca en su desayuno de copos de avena, comenzó a tomarla cada día. Tampoco es sorprendente la capacidad que tiene este combinado de sabores para crear un batido genial que constituye un fantástico desayuno. Y nunca se sabe, ¡acaso tú también empieces a tomarlo diariamente!

DOS RACIONES DE 400 ML

2 plátanos congelados
(página 83)

❉ 1 cucharada de maca en
polvo

❉ 1 cucharada de semillas de
chía

2 cucharadas de copos de
avena

2 tazas de leche de
almendras

⅛ de cucharadita de
canela en polvo

Endulzante para potenciar el
sabor

Bate todos los ingredientes hasta que el batido tenga una textura suave y luego pruébalo para endulzarlo si así lo deseas.

UN APORTE EXTRA DE SUPERALIMENTOS

Añadir ¼ de cucharadita de chlorella en polvo
(o más cantidad) para potenciar el sabor.

TAHINI Y MORAS

Esta es una combinación de dos joyas alimenticias turcas: tahini y moras blancas secas. Recuerda a la mantequilla de cacahuetes mezclada con mermelada, pero esto es mucho mejor.

DOS RACIONES DE 500 ML

⁜ ⅓ de taza de moras
    blancas secas

1 plátano

2 cucharadas de tahini sin
    sal

1 ½ taza de agua de coco

⁜ 1 cucharada de semillas de
    chía

2 ½ tazas de hielo

Endulzante para potenciar el
    sabor

Mezcla todos los ingredientes, excepto el hielo, hasta que el batido tenga una textura suave. A continuación agrega el hielo y bate una vez más para que esté bien frío. Pruébalo y endúlzalo si así lo deseas.

UN APORTE EXTRA DE SUPERALIMENTOS

Añadir 1 cucharada de acai en polvo.

MORAS Y LAVANDA

La clave para usar lavanda en las recetas es añadir una mínima cantidad para crear un magnífico estallido de sabor; de lo contrario, los batidos tendrían un sabor empalagoso. Puedes comprar lavanda para usos culinarios en una tienda de alimentación que venda productos especiales, pero también puedes utilizarla fresca si la tienes en tu jardín (solo debes retirar los tallos y las partes verdes). Si incluyes polvo de bayas de maqui en esta receta, el batido no solo sabrá a lavanda, ¡también dará la talla!

DOS RACIONES DE 500 ML

⅓ de taza de moras blancas secas

¼ de taza de anacardos naturales

1 ½ taza de leche de almendras sin endulzar

¼ de taza de tofu sedoso

1 cucharada de semillas de chía

2 tazas de hielo con sabor a coco (página 30)

1 cucharadita de flores de lavanda

Endulzante para potenciar el sabor (opcional)

Mezcla todos los ingredientes hasta que la mezcla tenga una textura suave. Prueba el batido y endúlzalo a tu gusto.

UN APORTE EXTRA DE SUPERALIMENTOS

Añadir 1 cucharada de bayas de maqui en polvo para aportarle al batido el color de la lavanda.

CHOCOLATE Y AVELLANAS

Es interesante comprobar cómo unas pocas gotas de extracto de almendras ayudan a realzar el sabor natural de las avellanas (aunque no debes preocuparte si no tienes el extracto a mano).

DOS RACIONES DE 500 ML

¼ de taza de avellanas tostadas

1 taza de una pera madura cortada en trozos

2 dátiles Medjool grandes sin hueso

2 cucharadas de cacao descascarillado

2 cucharadas de cacao en polvo

1 ½ cucharadita de extracto de vainilla

⅛ de cucharadita de extracto de almendras (opcional)

1 ½ taza de agua de coco

2 tazas de hielo

Endulzante para potenciar el sabor

Bate todos los ingredientes, excepto el hielo, hasta obtener una textura suave. Luego agrega hielo y mezcla una vez más para que el batido esté bien frío. Pruébalo y endúlzalo a tu gusto.

UN APORTE EXTRA DE SUPERALIMENTOS

Añadir 1 cucharadita de hierba de trigo en polvo, que potenciará las propiedades del batido sin que notes su presencia.

ZARZAMORA Y VAINILLA

¡Dios mío! El fantástico sabor de este batido es una mezcla de tarta de zarzamoras casera y helado clásico. Sin embargo, utilizar zarzamoras en los batidos tiene una desventaja: sus semillas se las arreglan para evitar las cuchillas incluso de la más potente de las batidoras. Si quieres obtener una textura realmente suave, puedes batir las zarzamoras con el zumo de manzana y el agua en primer lugar, y luego filtrar las semillas antes de terminar la receta.

DOS RACIONES DE 550 ML

¼ de taza de anacardos naturales

✳ 2 cucharadas de semillas de cáñamo

1 cucharada de lúcuma en polvo

1 ½ taza de zumo de manzana

1 taza de agua

2 cucharaditas de extracto de vainilla

✳ 1 ½ taza de zarzamoras congeladas

✳ ½ taza de arándanos congelados

Endulzante para potenciar el sabor

Bate todos los ingredientes, excepto las zarzamoras y los arándanos congelados, hasta que la textura de la mezcla sea suave. Añade la fruta congelada y mezcla una vez más para que el batido esté bien frío; luego pruébalo y endúlzalo a tu gusto.

UN APORTE EXTRA DE SUPERALIMENTOS
Añadir 1 cucharada de semillas de lino molidas.

CREMA DE CACAO

Esta es una versión de otra de mis recetas favoritas de Smoothment de Navitas Naturals. El cacao combinado con las nueces de Brasil sabe a chocolate y mantequilla de cacahuete. ¿Es necesario que diga algo más?

DOS RACIONES DE 500 ML

¼ de taza de nueces de Brasil

¼ de taza de dátiles Medjool sin hueso (tres o cuatro piezas grandes)

2 cucharadas de cacao en polvo

2 cucharaditas de maca en polvo

2 tazas de leche de almendras sin endulzar

1 ½ taza de hielo

1 cucharada de cacao descascarillado

Endulzante para potenciar el sabor

Bate todos los ingredientes, excepto el hielo y el cacao descascarillado, hasta que la textura de la mezcla sea cremosa. Añade el hielo y el cacao y bate otra vez para que el batido esté bien frío. Luego pruébalo y endúlzalo a tu gusto.

UN APORTE EXTRA DE SUPERALIMENTOS
Añadir 2 cucharadas de proteína de cáñamo en polvo.

CACAO Y MOCA

Los amantes del café pueden regocijarse: estos granos almibarados y batidos encuentran aquí su mejor combinación casera de superalimentos. Esta bebida con sabor a moca hecha a base de cacao natural es muy energizante y peligrosamente deliciosa.

DOS RACIONES DE 400 ML

⅓ de taza de anacardos naturales

¼ de taza de dátiles Medjool sin hueso (unas tres o cuatro piezas grandes)

✳ 2 cucharadas de cacao descascarillado

✳ 1 cucharada de cacao en polvo

2 cucharaditas de café instantáneo en polvo (normal o descafeinado)

2 cucharaditas de extracto de vainilla

1 ½ taza de agua

3 tazas de hielo

Endulzante para potenciar el sabor (opcional)

Bate todos los ingredientes, excepto el hielo, hasta obtener una mezcla cremosa y suave. Añade el hielo y bate una vez más para que el batido esté bien frío; luego pruébalo y endúlzalo a tu gusto.

UN APORTE EXTRA DE SUPERALIMENTOS
Añadir 1 cucharada de maca en polvo para potenciar la fuerza y actividad de las glándulas suprarrenales.

COCO TOSTADO Y NUECES DE MACADAMIA

Aunque para preparar esta receta son necesarios algunos pasos adicionales, los resultados son sobrenaturalmente deliciosos; este es uno de mis batidos predilectos. El cacao tostado realza el sabor y el hielo con sabor a coco aporta al batido un dulzor sutil sin añadir azúcares refinados. Además de su sabor increíble, es muy beneficioso tomar este batido después de hacer ejercicio por su alto contenido en agua de coco, rica en electrolitos, y porque la raíz de maca es muy energizante y reconstituyente.

DOS RACIONES DE 350 ML

¼ de taza de coco seco rallado sin endulzar

¼ de taza de nueces de macadamia sin sal

2 cucharaditas de maca en polvo

1 ½ taza de agua de coco

2 tazas de hielo con sabor a coco (página 30)

Utiliza una sartén para tostar el coco a fuego medio-alto hasta que se dore, removiendo constantemente para evitar que se queme (alrededor de 2 minutos). Luego colócalo en un cuenco y déjalo enfriar.

Bate el coco tostado junto con las nueces de macadamia, la maca y el agua de coco hasta crear una base lechosa y cremosa. Cuando la mezcla tenga una textura suave, añade el hielo con sabor a coco y mezcla los ingredientes una vez más hasta que el batido esté bien frío.

UN APORTE EXTRA DE SUPERALIMENTOS
Añadir 1 cucharada de bayas de maqui en polvo para aportar antioxidantes contra el envejecimiento (y también un asombroso color) al batido.

BATIDOS DE INCÓGNITO

Para decirlo amablemente, algunas personas pueden tener dificultades para apreciar los sabores de muchas hortalizas, y por este motivo todo el mundo necesita tener algunos batidos de incógnito en su haber. Combinando hortalizas y superalimentos que a priori parecerían incompatibles, estos batidos singulares mantienen los sabores familiares en un primer plano mientras sus nutritivos secretos verdes pasan desapercibidos. Llenos de vitaminas, minerales, fibra y antioxidantes, estos batidos (perfectos para la hora de la comida, los tentempiés de la tarde o incluso la cena) están colmados de nutrientes procedentes de algunos de los productos vegetales menos agradables de la naturaleza. Si te preguntas si deberías dar a conocer el ingrediente secreto del batido, la respuesta es: absolutamente opcional.

  INCLUYE UN INGREDIENTE QUE ES UN SUPERALIMENTO

 BELLEZA HUESOS FUERTES LIMPIEZA Y DESINTOXICACIÓN

 CORAZÓN SANO SISTEMA INMUNITARIO

 BAJO EN CALORÍAS PROTEÍNAS

COCO Y ESPECIAS

Repletos de beta-caroteno y vitaminas C y E, los boniatos son bienvenidos al estilo de vida sano… y constituyen el sueño de los batidos. Utilizar puré de boniatos envasado (sin aditivos) es una forma simple de tener siempre a mano este ingrediente.

DOS RACIONES DE 550 ML

1 plátano congelado
 (página 83)
1 taza de puré de boniatos
 envasado
2 cucharadas de copos de
 coco sin endulzar
※ 2 cucharadas de moras
 blancas secas
※ 2 cucharadas de semillas
 de lino molidas finamente
1 cucharadita de canela en
 polvo
¾ de cucharadita de
 pimienta de Jamaica
½ cucharadita de jengibre
 en polvo
1 taza de leche de coco
 (variedad comercializada
 en envases de cartón)
1 taza de agua
1 taza de hielo
Endulzante para potenciar el
 sabor

Bate todos los ingredientes, excepto el hielo, hasta que la textura de la bebida sea cremosa. Añade el hielo y bate otra vez para que esté bien frío. Luego pruébalo y endúlzalo a tu gusto.

UN APORTE EXTRA DE SUPERALIMENTOS
Añadir 2 cucharadas de semillas de cáñamo.

171

ACAI (CON REMOLACHA)

La remolacha tiene innumerables beneficios: ayuda a purificar la sangre, mejora la circulación y fortalece los riñones... y esto solo es el comienzo. Desafortunadamente, no a todo el mundo le gustan. Esta receta se basa principalmente en el dulzor y la textura cremosa propios de las remolachas asadas, que se compensan con sabores cítricos y acai. Es un placer saludable e inimitable.

DOS RACIONES DE 500 ML

¾ de taza de remolachas asadas (página 174)

2 naranjas peladas y cortadas sin semillas

1 taza de leche de almendras sin endulzar

3 cucharadas de acai en polvo

2 tazas de hielo

Endulzante para potenciar el sabor

Bate todos los ingredientes hasta obtener una mezcla de textura suave. Luego prueba el batido y endúlzalo si lo consideras necesario.

UN APORTE EXTRA DE SUPERALIMENTOS
Añadir ½ de cucharadita de bayas de camu en polvo.

CÓMO ASAR LAS REMOLACHAS

Mi forma preferida de disfrutar de las remolachas, que son muy buenas para el corazón, es asarlas. El resultado es delicado y delicioso y se puede utilizar para endulzar batidos sin necesidad de añadir azúcar, para que sean más cremosos sin recurrir a las grasas y para aportarles un color fucsia con los matices más hermosos. Tengo por costumbre asar una cantidad mayor de la que necesito con la idea de tenerlas a mano para preparar otros placeres culinarios, como ensaladas o arroces al estilo hindú. Las remolachas son deliciosas y se conservan perfectamente en la nevera durante una semana.

1. Precalienta el horno a 200°. Coloca papel de aluminio sobre papel de hornear o en una fuente de horno grande.
2. Retira las hojas y recorta los tallos de las remolachas para que queden aproximadamente 1,25 cm desde la raíz (sin eliminar la parte inferior). Lava cuidadosamente las remolachas para retirar la arenilla o suciedad, y luego sécalas.
3. Envuelve firmemente cada remolacha en papel de aluminio (tal como harías para asar una patata) y colócalas ligeramente separadas sobre el papel de hornear previamente preparado.
4. Asa las remolachas entre 45 y 75 minutos, o hasta que estén tiernas al pincharlas con un tenedor. El tiempo que deben permanecer en el horno varía de acuerdo con su tamaño.
5. Retira las remolachas del horno y colócalas en la nevera durante 30 minutos, o hasta que estén frías al tacto, sin quitarles el papel de aluminio.
6. Una vez frías, retira el papel de aluminio. Corta la parte superior e inferior de las remolachas y frótalas suavemente para retirar la piel. Guárdalas en un recipiente hermético en la nevera hasta que las necesites.

TARTA DE TERCIOPELO ROJO

En realidad, el sabor de este batido definitivamente especial nos recuerda a la famosa tarta. Toma su nombre de las nutritivas remolachas rojas, que le confieren una textura supercremosa.

DOS RACIONES DE 350 ML

½ taza de remolachas asadas (ver página 174)

¼ de taza de moras blancas secas

3 cucharadas de cacao en polvo

1 taza de leche de almendras sin endulzar

2 tazas de hielo con sabor a coco (página 30)

Endulzante para potenciar el sabor (opcional)

Bate todos los ingredientes, excepto el hielo con sabor a coco, hasta que la textura de la mezcla sea cremosa. Añade el hielo y bate una vez más para que el batido esté bien frío. Luego pruébalo y endúlzalo si así lo deseas.

UN APORTE EXTRA DE SUPERALIMENTOS

Añadir ½ cucharadita de bayas de camu en polvo para aportar vitamina C.

CEREZAS Y VAINILLA

Este batido pertenece probablemente a la sección de batidos verdes. Sin embargo, lo incluyo en la de batidos de incógnito porque contiene una enorme cantidad de hortalizas verdes y, sorprendentemente (mejor dicho, furtivamente), no parece verde en absoluto. Este batido fue aprobado por la hija de mi amiga, que tiene solo un año de edad… ¡y eso siempre es positivo!

DOS RACIONES DE 500 ML

2 tazas de cerezas
congeladas

2 tazas de espinacas tiernas

1 cucharada de mantequilla
de almendras

2 tazas de agua de coco

½ cucharadita de hierba de
trigo en polvo

2 cucharadas de extracto
de vainilla

Endulzante para potenciar el
sabor

Mezcla todos los ingredientes hasta conseguir un batido cuya textura sea suave. Luego pruébalo y endúlzalo si lo consideras necesario.

UN APORTE EXTRA DE SUPERALIMENTOS
Añadir 1 cucharada de semillas de chía.

FRAMBUESA Y PIÑA

Aquí te presento una nueva combinación que, técnicamente, es un batido verde (ya que incluye hojas verdes), pero no tiene el aspecto ni el sabor de serlo. Una deliciosa mezcla furtiva con sabor a frutas, ideal para niños, especialmente con un poco de estevia como endulzante.

DOS RACIONES DE 500 ML

- 2 tazas (colmadas) de col china
- 1 ½ taza de trozos de piña congelada
- ½ taza de frambuesa congelada
- 1 plátano
- 1 ½ taza de leche de coco (en envase de cartón)
- 1 cucharadita de polvo de baya de maqui

Endulzante para potenciar el sabor

Mezcla todos los ingredientes hasta conseguir una textura suave. Pruébalo y endúlzalo si lo consideras necesario.

UN APORTE EXTRA DE SUPERALIMENTOS
Añadir 1 cucharada de semillas de chía.

FRESAS Y ALBAHACA

La albahaca aporta a las fresas una nota ligeramente floral, pero no es ese el verdadero secreto de este batido. ¡Hemos de dar la bienvenida a los tomates! Las fresas y los tomates comparten muchas notas de sabor semejantes y por eso incorporamos en este batido estos preciosos ingredientes ricos en licopeno.

DOS RACIONES DE 500 ML

- 2 tazas de fresas congeladas
- 1 ½ taza de tomates cherry
- ¼ de taza de bayas de goji secas
- 2 dátiles Medjool grandes sin hueso
- 2 cucharadas de puré de aguacate
- 2 cucharadas de zumo de lima recién exprimido
- 1 cucharada (colmada) de albahaca fresca picada
- 1 taza de agua de coco
- Endulzante para potenciar el sabor

Bate todos los ingredientes hasta conseguir que el batido tenga una textura suave. A continuación pruébalo y endúlzalo si lo consideras necesario.

UN APORTE EXTRA DE SUPERALIMENTOS
Añadir 1 cucharada de bayas de maqui en polvo.

CHOCOLATE (CON COLIFLOR)

¿Quién hubiera pensado que una coliflor al vapor podría conseguir que un batido fuera tan sabroso? Este que te presento es tan apetecible como un rico y pícaro batido de chocolate.

DOS RACIONES DE 600 ML

¼ de taza de dátiles
Medjool sin hueso
(alrededor de tres o cuatro
piezas grandes)
3 tazas de coliflor al vapor
✳ ¼ de taza de cacao
descascarillado
✳ 2 cucharadas de semillas
de cáñamo
✳ 1 cucharada de cacao en
polvo
1 ½ taza de leche de arroz
(variedad original)
2 tazas de hielo con sabor
a coco (página 30)
Endulzante para potenciar el
sabor

Bate todos los ingredientes, excepto el hielo, hasta que la mezcla tenga una textura suave. Añade el hielo y bate una vez más para que el batido esté bien frío. Luego pruébalo y endúlzalo si lo consideras necesario.

UN APORTE EXTRA DE SUPERALIMENTOS
Añadir 2 cucharaditas de maca en polvo.

PLÁTANO Y NUEZ MOSCADA

«Cuando los sabores se combinan de la forma adecuada, puedes ocultar básicamente cualquier cosa en un batido», presumí delante de una amiga mientras estaba escribiendo este libro. Mi amiga me miró inquisitivamente y preguntó: «¿Cualquier cosa?». «Sí, efectivamente», afirmé yo. Entonces me miró y, enarcando una ceja de manera teatral, dijo: «¿Y qué hay de las coles de Bruselas?». Yo me detuve a pensar y me di cuenta de que no sabía absolutamente nada sobre la posibilidad de echar coles de Bruselas en los batidos, pero sus comentarios no me habían sentado bien y, con fingido desenfado, respondí: «Claro que sí, también las coles de Bruselas». «Vale, entonces enséñame una receta que las contenga», dijo con suficiencia. Como no soy de las que rehúyen un desafío, lo acepté. Tras nueve intentos y muchas malas caras y echando mano de prácticamente todos los trucos para batidos de este libro, creé este batido furtivo que resultó ser verdaderamente delicioso. De manera que ¡también es posible utilizar coles de Bruselas!

DOS RACIONES DE 550 ML

2 plátanos congelados
(página 83)

❇ 1 taza de coles de Bruselas
congeladas

3 cucharadas de
mantequilla de almendras

1 ½ taza de zumo de
manzana

1 ½ taza de leche de
almendras sin endulzar

❇ 1 cucharada de bayas de
maqui en polvo

¼ de cucharadita de nuez moscada

¼ de cucharadita de canela en polvo

Endulzante para potenciar el sabor

Bate todos los ingredientes hasta obtener un batido de textura suave. Luego pruébalo y endúlzalo si lo consideras necesario.

....

UN APORTE EXTRA DE SUPERALIMENTOS
Añadir 1 cucharada de semillas de chía
para aportar más cantidad de fibra.

....

MAQUI Y UVAS

Uno de los primeros trucos que aprendí hace algunos años mientras intentaba modificar mi dieta para que fuera más natural es congelar uvas para tomarlas como un tentempié sano; son muy sustanciosas y muy fáciles de preparar (solo hay que lavarlas, secarlas y congelarlas). Aportan una textura compacta y un intenso dulzor natural a los batidos, y hacen un buen trabajo enmascarando las saludables coles que forman parte de este batido de superalimentos. Y esto es especialmente increíble porque conseguir que el sabor a col no se detecte no es algo de lo que se pueda presumir fácilmente.

DOS RACIONES DE 350 ML

- 1 taza de col verde picada
- 2 cucharadas de puré de aguacate
- 2 cucharaditas de bayas de maqui en polvo
- 1 ½ taza de zumo de manzana
- 2 tazas de uvas rojas congeladas
- Endulzante para potenciar el sabor (opcional)

Bate todos los ingredientes, excepto las uvas, hasta que la mezcla tenga una textura suave. Luego echa las uvas y bate nuevamente hasta que el batido esté frío; pruébalo y endúlzalo a tu gusto.

UN APORTE EXTRA DE SUPERALIMENTOS
Añadir 1 cucharada de semillas de lino molidas.

LÚCUMA Y COCO

Este batido tiene el mismo sabor que un batido de coco muy espeso que compré en cierta ocasión en una pequeña tienda de alimentos naturales de Oregón. Estaba convencida de que no contenía coliflor, pero ahora que sé lo fácil que resulta ocultar su sabor en la batidora, ya no estoy tan segura...

DOS RACIONES DE 500 ML

1 taza de coliflor congelada

1 plátano congelado (página 83)

2 cucharadas de semillas de cáñamo

3 cucharadas de copos de coco sin endulzar

2 dátiles Medjool grandes sin hueso

2 cucharadas de lúcuma en polvo

½ cucharada de maca en polvo

2 ½ tazas de leche de coco (variedad comercializada en envases de cartón)

Endulzante para potenciar el sabor

Bate todos los ingredientes hasta conseguir una textura suave. Prueba el batido para endulzarlo a tu gusto.

UN APORTE EXTRA DE SUPERALIMENTOS

Añadir 2 cucharadas de proteína de cáñamo en polvo.

ACAI Y ALMENDRAS

Es fácil utilizar un batido equilibrado como el de esta receta para reemplazar una comida completa porque es suculento, energizante y muy sabroso. Si dedicas un momento a batir cuidadosamente la mezcla, el brócoli se añadirá a su textura cremosa para aportar un resultado aún más exquisito.

DOS RACIONES DE 400 ML

- 2 tazas de flores de brócoli congeladas
- 1 plátano congelado (página 83)
- 2 dátiles Medjool grandes sin hueso
- 2 cucharadas de mantequilla de almendras
- 3 cucharadas de acai en polvo
- ¼ de cucharadita de extracto de vainilla
- 2 tazas de agua de coco
- Endulzante para potenciar el sabor

Bate todos los ingredientes hasta que el batido tenga una textura suave y luego pruébalo y endúlzalo a tu gusto.

UN APORTE EXTRA DE SUPERALIMENTOS
Añadir ½ cucharadita de camu en polvo.

MANZANA (CON BRÓCOLI)

Si tienes en casa a alguien que odia el brócoli, este puede ser tu secreto mejor guardado. Aunque este batido contiene tres tazas colmadas de brócoli e incluso un poco de chlorella en polvo por sus propiedades altamente alcalinizantes, ¡sabe a manzanas!

DOS RACIONES DE 550ML

- 3 tazas de brócoli congelado
- 1 plátano
- ½ cucharadita de chlorella en polvo
- ¼ de taza de zumo de limón recién exprimido
- 1 ½ taza de zumo de manzana
- 1 ½ taza de hielo con sabor a almendras (página 30)
- Endulzante para potenciar el sabor (opcional)

Mezcla todos los ingredientes hasta que el batido tenga una textura suave y esté bien frío. A continuación, pruébalo y corrige su dulzor si lo crees necesario.

UN APORTE EXTRA DE SUPERALIMENTOS

Añadir 1 o 2 cucharadas de proteína de cáñamo en polvo para transformar esta bebida en un magnífico batido de proteínas.

BATIDOS ESPECIALES

Esta es una colección de «lo último» en batidos y hace buen uso de una despensa de superalimentos bien surtida. Rebosantes de todo tipo de superalimentos, estos batidos no escatiman esfuerzos. Usando la mayor gama de ingredientes, contienen el espectro más amplio de nutrientes. Sirven para sustituir comidas completas en cualquier momento del día y les puedes añadir una mayor cantidad de superalimentos (por ejemplo, un puñado de espinacas o una pizca de polvo de camu) si fuera necesario. Estos batidos especiales gritan: «¡Adelante, aquí estamos!». Nota: estas recetas fueron concebidas para contener una cantidad abundante de superalimentos; por este motivo no se recomienda un aporte extra de estos productos en esta colección de batidos especiales. Evidentemente, si quieres incorporar algún superalimento adicional en cualquiera de estas recetas, tienes toda la libertad para hacerlo.

❋ INCLUYE UN INGREDIENTE QUE ES UN SUPERALIMENTO

✳ BELLEZA   ⬤ HUESOS FUERTES   ❧ LIMPIEZA Y DESINTOXICACIÓN

♥ CORAZÓN SANO   ✺ SISTEMA INMUNITARIO

⬤ BAJO EN CALORÍAS   ⬡ PROTEÍNAS

LIMA

En mi cocina hay una pequeña libreta llena de manchas donde suelo apuntar nuevas recetas. Aunque recuerdo muy bien haber preparado este batido, una delicia cremosa con sabor cítrico muy parecida a un postre, la única nota garabateada en mi libreta es un frenético «¡INCREÍBLE!». Creo que estaba demasiado ocupada bebiendo el batido como para apuntar ninguna otra cosa.

DOS RACIONES DE 500 ML

2 plátanos congelados
(página 83)

1 taza de hielo con sabor a
coco (página 30)

3 cucharadas de copos de
coco sin endulzar

2 cucharaditas de ralladura
de lima fresca

⅓ de taza de zumo de lima
recientemente exprimido

✗ 2 cucharadas de semillas
de cáñamo

✗ 1 cucharada de semillas de
lino molidas

✗ ¼ de cucharadita de camu
en polvo

✗ ¼ de cucharadita de
chlorella en polvo (y/o 1
cucharadita de hierba de
trigo en polvo)

1 cucharada de lúcuma en polvo

1 taza de leche de coco

½ taza de agua

Endulzante para potenciar el sabor

Mezcla todos los ingredientes hasta conseguir un batido que tenga una textura suave; luego pruébalo y endúlzalo a tu gusto.

OPCIONAL

Añadir 8-12 gotas de concentrado de chlorella para que este batido tenga un verdadero color «lima» y también para aumentar sus propiedades alcalinizantes y desintoxicantes.

FRESA

Este suculento batido de sabor intenso es como una comida que puedes tomar en un vaso; contiene un montón de antioxidantes contra el envejecimiento de todas las variedades.

DOS RACIONES DE 550 ML

- 2 ½ tazas de fresas congeladas
- ¼ de taza de moras blancas secas
- 2 cucharadas de semillas de chía
- 2 cucharaditas de bayas de maqui en polvo
- ½ cucharadita de bayas de camu en polvo
- ⅓ de taza de puré de tofu sedoso suave
- ¼ de cucharadita de ralladura de limón fresca
- 2 cucharaditas de zumo de limón recién exprimido
- 1 ½ taza de leche de almendras sin endulzar
- ¾ de taza de zumo de manzana
- Endulzante para potenciar el sabor (opcional)

Mezcla todos los ingredientes hasta que el batido tenga una textura suave y luego pruébalo para incrementar su dulzor si lo consideras necesario.

CHOCOLATE

Si te gusta el chocolate, te encantará este batido. Esta cremosa mezcla llena de nutrientes y rebosante de sabor a chocolate ofrece una excusa genuinamente saludable para tomar chocolate en cualquier comida (o en todas).

DOS RACIONES DE 500 ML

¼ de taza de dátiles Medjool grandes sin hueso (entre 3 y 4 piezas)

2 cucharadas de puré de aguacate

2 cucharadas de cacao descascarillado

¼ de taza de cacao en polvo

3 cucharadas de proteínas de cáñamo en polvo

2 cucharaditas de maca en polvo

1 cucharadita de extracto de vainilla

2 ½ tazas de agua de coco

1 taza de hielo

Endulzante para potenciar el sabor

Bate todos los ingredientes, excepto el hielo, hasta obtener una mezcla cremosa. Añade el hielo y bate una vez más para que esté bien frío. Luego pruébalo para agregar endulzante si crees que es necesario.

GRANADA Y CEREZAS

Siguiendo la fórmula «las frutas agrias se llevan bien con las frutas dulces» a fin de obtener un batido perfectamente equilibrado, las granadas y las cerezas son buenas amigas y su sabor natural proporciona un telón de fondo excepcionalmente sabroso para otros superalimentos muy potentes invitados a participar en este batido.

DOS RACIONES DE 500 ML

- 1 ½ taza de zumo de granada
- 2 tazas de cerezas congeladas
- 1 plátano congelado (página 83)
- 1 cucharada de acai en polvo
- 3 cucharadas de semillas de cáñamo
- 1 cucharada de lino en polvo
- 1 taza de hielo
- Endulzante para potenciar el sabor (opcional)

Bate todos los ingredientes, excepto el hielo, hasta obtener una mezcla de textura suave. Luego añade el hielo y bate una vez más para que esté bien frío. Pruébalo y corrige su dulzor si así lo deseas.

MEZCLA DE BAYAS

El aguacate confiere a los batidos una textura casi gelatinosa, como podrás comprobar en esta festiva mezcla de bayas.

DOS RACIONES DE 500 ML

- 1 ½ taza de bayas mezcladas
- 1 taza de hielo
- 1 taza de trozos de una pera muy madura
- ¼ de taza de puré de aguacates
- ⅓ de taza de bayas de goji
- 1 cucharada de semillas de lino en polvo
- 2 cucharaditas de bayas de maqui en polvo
- 1 ½ taza de leche de almendras
- Endulzante para potenciar el sabor

Mezcla todos los ingredientes hasta que el batido tenga una textura suave y esté bien frío. Pruébalo y endúlzalo si te parece necesario.

PLÁTANO Y BAYAS

Me gustaría pensar que este batido de superalimentos es un homenaje a la más icónica de las combinaciones de sabores... pero, evidentemente, con los mejores ingredientes. Si no tienes una batidora de alta potencia, puedes añadir un poco de agua o leche de coco para que los ingredientes se mezclen más fácilmente (este batido se sirve helado).

DOS RACIONES DE 500 ML

- 1 ½ taza de una mezcla de bayas congeladas
- 2 plátanos congelados (página 83)
- 3 cucharadas de moras blancas secas
- 3 cucharadas de semillas de cáñamo
- 2 cucharadas de bayas de goji
- ½ cucharadita de camu en polvo
- 1 cucharadita de bayas de maqui en polvo
- 2 tazas de leche de coco (variedad comercializada en envases de cartón)
- 1 cucharadita de extracto de vainilla
- Endulzante para potenciar el sabor (opcional)

Bate todos los ingredientes hasta que la textura sea suave y el batido esté bien frío. Pruébalo para añadir endulzante si lo crees necesario.

SÉSAMO Y CÁÑAMO

Me sorprende gratamente la capacidad del plátano para endulzar el tahini, lo que convierte a este batido en una versión cremosa de un caramelo de sésamo. Repleto de proteínas y rico en minerales, está especialmente indicado para regenerar y fortalecer el cuerpo.

DOS RACIONES DE 500 ML.

½ taza de hielo

2 plátanos congelados (página 83)

2 cucharadas de tahini sin sal

※ 4 cucharadas de proteína de cáñamo en polvo

※ 1 cucharadita de maca en polvo

※ ½ cucharadita de chlorella en polvo

½ cucharadita de extracto de vainilla

1 ½ taza de agua de coco

10-20 gotas de extracto de clorofila (opcional)

Endulzante para potenciar el sabor

Mezcla todos los ingredientes hasta que el batido tenga una textura suave y luego pruébalo para añadir endulzante si lo deseas.

CHOCOLATE Y MENTA

Es un postre... Espera, es un helado... No, ¡es un batido de superalimentos super-energizante! Esta combinación de ingredientes entra definitivamente en la categoría de «pellízcame, esto no puede ser tan rico y al mismo tiempo bueno para la salud». Ah... ¡pero lo es!

DOS RACIONES DE 550 ML

- ½ taza de semillas de cáñamo
- ¼ de taza de dátiles Medjool sin hueso (alrededor de 3 o 4 piezas grandes)
- 3 cucharadas de bayas de goji
- ¼ de taza de cacao en polvo
- 2 cucharadas de cacao descascarillado
- 3 cucharadas colmadas de menta fresca picada
- 1 cucharadita de hierba de trigo en polvo
- ¼ de taza de puré de aguacate

2 tazas de agua de coco
3 tazas de hielo con sabor a coco (página 30)
Endulzante para potenciar el sabor

Bate todos los ingredientes, excepto el hielo, hasta que la mezcla tenga una textura suave. Luego agrega el hielo y mezcla una vez más para que el batido esté bien frío. Pruébalo y endúlzalo si te parece necesario.

COCO

No suelo usar diariamente coco tailandés joven y fresco como ingrediente para mis batidos. Puedes encontrarlo en la sección de frutas y verduras de las tiendas de alimentación sana y en tiendas o mercados de productos asiáticos, pero suele ser un poco caro ¡y también difícil de abrir! No obstante, es tan exquisito en los batidos que simplemente no puedo menos que compartir aunque sea una sola receta que lo contenga. Puedes maldecirme, preparar el batido y beberlo, ¡luego me lo agradecerás!

DOS RACIONES DE 350 ML

½ taza de pulpa de un coco joven y fresco

2 cucharadas de moras blancas secas

2 cucharadas de semillas de cáñamo

2 cucharadas de lúcuma en polvo

1 cucharada de semillas de lino en polvo

1 cucharadita de maca en polvo

¾ de taza de agua de coco (joven y fresco)

2 tazas de hielo con sabor a coco (página 30)

Endulzante para potenciar el sabor (opcional)

Bate todos los ingredientes hasta conseguir una mezcla de textura suave. A continuación prueba el batido y mejora su dulzor si lo deseas.

NOTA

¿No puedes encontrar cocos tailandeses jóvenes? Utiliza ⅓ de taza de coco seco rallado para sustituir la pulpa de coco y agua de coco de la variedad comercializada en envases de cartón en lugar de agua de coco fresca. El batido no será tan beneficioso, pero de todas maneras te resultará muy agradable.

PONCHE DE FRUTAS

Disfruta de un batido de sabores clásicos (fresas, naranja y plátano) que es prácticamente infalible en el mundo de los batidos. Esta versión está colmada de superalimentos, aunque es muy sencillo añadir productos más ricos en nutrientes, como por ejemplo hortalizas verdes frescas.

DOS RACIONES DE 400 ML

- 1 taza de fresas congeladas
  1 plátano congelado (página 83)
- 2 cucharadas de semillas de cáñamo
- 1 cucharada de semillas de lino
- 1 cucharada de acai en polvo
- 1 cucharadita de hierba de trigo en polvo
  1 ½ taza de zumo de naranja
  ½ taza de agua de coco
  Endulzante para potenciar el sabor

Mezcla todos los ingredientes hasta conseguir que el batido tenga una textura suave y luego pruébalo para endulzarlo a tu gusto.

CHAI

Un buen chai está compuesto por una orquesta de especias picantes que contrastan perfectamente bien con la frescura de un batido cremoso. Algunas veces añado un poco más de hielo para tomar este batido con una cuchara como si fuera un helado.

DOS RACIONES DE 500 ML

- 3 cucharadas de anacardos naturales
- ※ 2 cucharadas de semillas de cáñamo
- 2 dátiles Medjool grandes sin hueso
- ※ 2 cucharadas de cacao descascarillado
- ※ 1 cucharada de semillas de chía
- ※ 2 cucharaditas de maca en polvo
- ※ ¼ de cucharadita de chlorella en polvo (opcional)
- 1 cucharadita de canela en polvo
- 1 cucharadita de jengibre en polvo
- ¼ cucharadita de cardamomo en polvo
- 2 tazas de agua de coco
- 1 plátano congelado (página 83)
- 1 ½ taza de hielo
- Endulzante para potenciar el sabor

Bate todos los ingredientes, excepto el plátano congelado y el hielo, hasta que el batido tenga una textura suave. A continuación añade el resto de los ingredientes y bate una vez más para que la mezcla esté bien fría. Prueba el batido y endúlzalo a tu gusto.

TROPICAL

El color de este batido se asemeja a una puesta de sol en una isla. Para simplificar la receta puedes usar una mezcla de frutas tropicales congeladas en lugar de la piña y el mango congelados.

DOS RACIONES DE 500 ML

1 ½ taza de agua de coco

1 plátano

1 ½ taza de piña congelada

¾ de taza de mango congelado

※ 2 cucharadas de bayas de goji secas

※ ½ cucharadita de camu en polvo

※ 1 cucharada de semillas de chía

※ 2 cucharadas de semillas de cáñamo

Endulzante para potenciar el sabor

Bate todos los ingredientes hasta que la mezcla tenga una textura suave. Luego prueba el batido para endulzarlo a tu gusto.

OPCIONAL

Puedes conseguir que este batido sea de color verde agregando unos pocos puñados de espinaca fresca.

MANGO Y JENGIBRE

Este batido tiene un suave sabor a jengibre que se equilibra gracias al dulzor del mango y del coco, pero cuando no hay nadie con quien compartirlo, suelo utilizar más jengibre para que su sabor sea más picante y especiado.

DOS RACIONES DE 500 ML

2 tazas de trozos de mango congelado

1 cucharada de jengibre fresco pelado y rallado (o al gusto)

2 cucharadas de copos de coco sin endulzar

※ 2 cucharadas de moras blancas secas

※ 2 cucharadas de bayas de goji

※ ½ cucharadita de camu en polvo

1 cucharada de zumo de limón recién exprimido

1 taza de leche de coco (variedad comercializada en envases de cartón)

1 ½ taza de agua de coco

※ 1 cucharada de semillas de chía

Endulzante para potenciar el sabor

Bate todos los ingredientes, excepto las semillas de chía, hasta obtener una mezcla suave. Agrega las semillas de chía y vuelve a mezclar brevemente. Luego prueba el batido y endúlzalo a tu gusto.

204

ACAI

Este batido es rico en nutrientes y está «lleno de bayas». Su sabor es como el del acai: un lujo exquisito. El hecho de añadir un poco de grasas de origen vegetal (como por ejemplo, aguacate) y otras bayas realza el sabor delicado del acai.

DOS RACIONES DE 500 ML

- ½ tazu de arándanos congelados
- ½ taza de moras blancas secas
- 2 cucharadas de semillas de cáñamo
- 3 cucharadas de polvo de acai
- 1 cucharadita de polvo de hierba de trigo
  1 taza de puré de aguacate
  2 tazas de agua de coco
  2 tazas de hielo
  Endulzante para potenciar el sabor

Bate todos los ingredientes, excepto el hielo, hasta obtener una textura suave. Luego añade el hielo y mezcla una vez más para que el batido esté bien frío. Pruébalo y endúlzalo si lo consideras necesario.

VAINILLA Y ALMENDRAS

Adoro este batido, no encuentro otra manera de decirlo. Si puedes hacerte con agua de coco fresca (es decir, extraída de un coco joven y fresco que se acaba de abrir), lograrás que este batido, que por sí mismo ya es sorprendente, consiga realmente entusiasmarte. Sin embargo, también estarás contento si lo preparas con una variedad envasada. En mi opinión, el batido tiene el dulzor adecuado, pero puedes añadir endulzante si lo prefieres.

DOS RACIONES DE 500 ML

- ⅓ de taza de moras blancas secas
- 2 cucharadas de bayas de goji secas
- 2 cucharadas de proteína de cáñamo
- 1 cucharada de lúcuma en polvo
- 3 cucharadas de mantequilla de almendras
- 2 cucharaditas de extracto de vainilla
- ½ cucharadita de camu en polvo
- 1 ½ taza de agua de coco
- 2 tazas de hielo
- Endulzante para potenciar el sabor

Bate todos los ingredientes, excepto el hielo, hasta obtener una textura cremosa y suave. Luego mezcla una vez más para que el batido esté bien frío. Pruébalo y endúlzalo si lo crees necesario.

"CHUPITOS" DE SUPERALIMENTOS

¿Estás intentando mejorar un aspecto específico de tu salud? Los «chupitos» de superalimentos son la mejor solución. Se trata básicamente de batidos en miniatura con un enorme valor nutricional. Estas recetas de «chupitos» tienen el poder de potenciar la energía corporal. Como su objetivo es funcional, hacen uso de unos pocos superalimentos y hierbas muy potentes, y no muy comunes, que pueden encontrarse en tiendas de alimentación sana y en otros sitios referidos en la guía de recursos (página 224). Son excelentes para tratar síntomas específicos, para momentos de agotamiento y para las personas apasionadas por los temas relacionados con la salud. Consume estos minibatidos altamente nutritivos cada vez que necesites una carga de energía adicional.

PARA AUMENTAR LA ENERGÍA

Un batido dulce y picante que potencia la energía de forma duradera e inmediata.

DOS CHUPITOS

¼ de taza de té de yerba mate frío y sin endulzar

※ 1 cucharada de cacao en polvo

※ 1 cucharadita de maca en polvo

1 cucharada de azúcar de coco

1 pizca de pimienta de Cayena

Mezcla todos los ingredientes hasta que el batido tenga una textura suave.

POTENCIAR EL BATIDO
Añadir 1/8 de cucharadita de pimienta de Cayena.

PARA COMBATIR LOS RESFRIADOS Y LA GRIPE

Este chupito de superalimentos contiene una gran cantidad de vitamina C (con funciones protectoras), zinc (que favorece el sistema inmunitario) y fitoquímicos antivirales. Estos ingredientes trabajan en conjunto para combatir los gérmenes; si se añade aceite de orégano (lo encontrarás en forma de tintura en la sección de suplementos de la mayoría de las tiendas de alimentación sana), el batido resulta especialmente efectivo, aunque su sabor es muy intenso.

DOS CHUPITOS

¼ de taza de zumo de naranja

✻ 2 cucharadas de bayas de goji secas

2 cucharaditas de jengibre pelado y rallado

✻ ½ cucharadita de camu en polvo

Bate todos los ingredientes hasta que la mezcla tenga una textura suave. Si lo deseas, puedes filtrar el batido para eliminar la fibra del jengibre.

POTENCIAR EL BATIDO
Añadir 6-8 gotas de aceite de orégano.

PARA DESINTOXICARSE

Los batidos verdes son perfectos para limpiar el organismo, especialmente si se combinan con zumo de limón (que elimina toxinas) y zumo de aloe vera. ¡Descartemos lo negativo y adoptemos todo lo que es puro y nuevo!

DOS CHUPITOS

¼ de taza de zumo de aloe
vera

2 cucharadas de zumo
de limón recientemente
exprimido

❋ ¼ de cucharadita de
chlorella en polvo

❋ 1 cucharadita de hierba de
trigo en polvo

4 gotas de estevia

Bate todos los ingredientes hasta que la mezcla tenga una textura suave.

POTENCIAR EL BATIDO
Añadir 10 gotas de clorofila líquida.

PARA POTENCIAR LA ACTIVIDAD CEREBRAL

Este batido suave y dulce ayuda a aumentar la agilidad mental y equilibra el ánimo gracias a sus grasas de gran calidad, sus antioxidantes —que favorecen la actividad cerebral— y sus azúcares de liberación lenta.

DOS CHUPITOS

⅓ de taza de té verde frío sin endulzar

1 cucharada de acai en polvo

½ cucharada de semillas de chía

½ cucharadita de polvo de canela

1 cucharada de azúcar de coco

Bate todos los ingredientes hasta obtener una textura suave.

POTENCIAR EL BATIDO

Coloca un saquito de té de gingko biloba en ⅓ de taza de agua caliente y déjalo reposar 5 minutos. Deja enfriar este té concentrado para añadirlo luego al batido.

PARA RECUPERARSE DEL ESTRÉS

Este batido favorece la recuperación de todo tipo de estrés (desde los dolores físicos debido a esfuerzos atléticos hasta el desgaste emocional producido por el trabajo y la vida cotidiana) y contiene agentes fitoquímicos (favorables para las glándulas suprarrenales), minerales relajantes, electrolitos rejuvenecedores y compuestos antiinflamatorios.

DOS CHUPITOS

⁕ ⅓ de taza de agua de coco

1 cucharada de mantequilla de almendras

⁕ 2 cucharaditas de semillas de lino molidas

⁕ 2 cucharaditas de maca en polvo

¼ de cucharadita de cúrcuma en polvo

2 gotas de estevia

Bate todos los ingredientes hasta que la textura de la mezcla sea suave.

POTENCIAR EL BATIDO

Añadir 1 cucharada de polvo de MSM de origen vegetal, que ayuda a reducir los dolores y promueve la reparación de los tejidos.

ANTIENVEJECIMIENTO

Este batido combate los radicales libres, repara los signos del envejecimiento prematuro y protege de futuros daños gracias a una amplia gama de potentes antioxidantes, grasas saludables con propiedades lubricantes y vitamina C, que es esencial para las defensas.

DOS CHUPITOS

⅓ de taza de té verde frío sin endulzar

✳ 2 cucharadas de moras blancas secas

✳ 1 cucharada de semillas de cáñamo

✳ 1 cucharadita de bayas de maqui en polvo

✳ ¼ de cucharadita de camu en polvo

Bate todos los ingredientes hasta conseguir una mezcla de textura suave.

POTENCIAR EL BATIDO
Añadir ½ cucharadita de romero fresco picado.

¿QUÉ LE HA PASADO A MI BATIDO?

Es incuestionable que los batidos de superalimentos saben mejor cuando están recién hechos porque en ese momento su sabor, su textura e incluso su valor nutricional están en su punto máximo. Mientras escribía este libro, cada día les daba a mis amigos frascos llenos de mis nuevas recetas para que me dieran su opinión. Sin embargo, siempre sentía la necesidad de entregarles los batidos con la siguiente advertencia: «Lo he preparado esta mañana. ¡Por favor, ten en cuenta que sabe muchísimo mejor cuando está recién hecho!». Si me decían que les gustaba el batido, sabía que la versión fresca tenía que ser impresionante.

A continuación expondré los problemas que puedes encontrar con un batido de superalimentos que se ha dejado asentar durante varias horas:

Color: mezclar los ingredientes del batido reproduce de algún modo el inicio del proceso corporal que se encarga de descomponer los alimentos, de la misma forma que masticar contribuye a que los alimentos se descompongan más rápidamente. Por este motivo observarás que un batido fresco cambia rápidamente de color, incluso después de unas pocas horas. Eso indica que los antioxidantes se están destruyendo; en otras palabras, que los beneficios se están desperdiciando.

Sabor: el sabor puede modificarse significativamente por diversas razones, una de las cuales es que por lo general los batidos contienen hielo y cuando este se derrite el sabor general del batido se diluye y comienzan a destacarse sabores que previamente estaban ocultos. El sabor de un batido verde y fresco que contiene hielo comparado con otro que se ha dejado asentar durante un día es un excelente (y también triste) ejemplo de lo drástica que puede ser la pérdida de sabor.

Textura: quizás el mayor problema derivado de guardar los batidos de superalimentos sea que las texturas se modifican. Cuando se derriten los ingredientes congelados o el hielo (incluso en la nevera), un perfecto y maravilloso batido helado puede convertirse en una especie de lodo espeso que puede o no tener buen sabor. Cualquier batido que incluya frutos secos (como, por ejemplo, bayas de goji o moras secas) sufrirá el efecto contrario y dejará de ser una bebida líquida para convertirse en un brebaje espeso y prácticamente gelatinoso. Los batidos que contienen semillas de chía o de lino también se pondrán muy espesos porque estas supersemillas absorben una increíble cantidad de agua y se «hinchan» al cabo de entre diez y treinta minutos. Los batidos de superalimentos que incluyen estos ingredientes tienen el potencial de convertirse en una mezcla extraña y lamentable si no se ingieren en un periodo corto de tiempo.

CÓMO GUARDAR LOS BATIDOS

Es una verdadera pena desperdiciar un batido de superalimentos. Entonces, ¿qué podemos hacer con un batido que no se va a consumir de forma inmediata? Las buenas noticias son que algunos batidos, especialmente los que son cremosos y contienen menos fruta, ocasionalmente pueden conservarse durante unos pocos días en la nevera, aunque en el momento de consumirlo sus beneficios nutricionales no serán tan potentes. Suelo utilizar las siguientes directrices generales para salvar los batidos que incluyen gran cantidad de fruta fresca, frutos secos, hortalizas verdes o semillas de chía y de lino:

De 0 a 4 horas, fase de refrigeración: verter el batido en un frasco de vidrio inmediatamente después de prepararlo. Este material es mi favorito para guardar los batidos por diversas razones. El vidrio no contiene toxinas ni sabor a plástico, los frascos son baratos, hay de todos los tamaños y tienen cierre hermético. Una vez que has vertido el batido en uno de esos frascos, debes colocarlo en la nevera de inmediato. Si piensas beberlo al cabo de media hora, puedes ponerlo brevemente en el congelador para preservar su textura. No te olvides de agitar el frasco antes de beber el batido porque el contenido suele asentarse. La mayoría de los batidos pueden permanecer en la nevera durante una hora sin sufrir variaciones importantes y varias horas sin que su sabor y su textura se modifiquen drásticamente.

De 4 a 8 horas, fase de ajuste: esta es la etapa en la que los batidos comienzan a cambiar. Uno de cada tres batidos conserva su sabor y textura durante este periodo de tiempo, otro tercio entra en la categoría «no tan bueno» y el último tercio se transforma en algo totalmente peculiar, tal como se menciona en esta sección. Por último, afortunadamente para los batidos, todavía hay esperanza. Todo lo que hay que hacer es modificar un poco la receta (yo lo llamo reanimar un batido) sin necesidad de volver a la batidora. Para ello, hay que echar un poco más de zumo (el de manzana casi siempre funciona), agua de coco, leches vegetales o agua con estevia (en el caso de que se haya alterado el dulzor) en el frasco que contiene el batido. Se puede añadir también un par de cubitos de hielo. Luego hay que agitar el contenido y ya está. Posiblemente no esté tan rico como cuando estaba recién hecho pero, de cualquier modo, hemos conseguido arreglarlo.

Más de 8 horas, fase de congelación: existen algunos batidos que pueden conservarse perfectamente dos o incluso tres días en la nevera. Pero hay otros para los que no es una opción viable mantenerlos más de ocho horas en la nevera, especialmente los que contienen variedades de hortalizas verdes y los que incluyen semillas de cáñamo o lino (que pueden ponerse amargas cuando se guardan durante periodos prolongados). Si no es posible consumir un batido de superalimentos más o menos rápidamente, lo más recomendable es verterlo en una cubitera y cubrirlo con un *film* transparente de cocina, o utilizar una cubitera con tapa. Cuando te apetezca tomar el batido, solo tendrás que echar los cubitos en la batidora y añadir el líquido que más te guste. El sabor cambia ligeramente pero el batido conserva todos sus beneficios. (Esta técnica también es una forma de ahorrar tiempo para la siguiente ocasión en la que quieras preparar un batido).

Existe otra solución deliciosa: verter los restos de un batido en moldes para sorbetes o helados, ¡un saludable placer!

TERCERA PARTE

EXTRAS

CÓMO PREPARAR LECHES DE SEMILLAS Y FRUTOS SECOS

Las leches de semillas y frutos secos no pueden ser más fáciles de preparar, ni más sanas. Mezclados simplemente con agua, muchos tipos de frutos secos y semillas se transforman en una bebida cremosa y deliciosa que puede usarse como una leche normal pero que ofrece hermosos y sutiles matices de sabor. Cada vez se comercializan más leches preparadas a base de frutos secos, aunque hacerlas en casa ofrece ventajas muy claras. El resultado es un producto más fresco, más barato y con ingredientes más naturales pues no se necesitan aditivos. Las leches caseras de frutos secos, que pueden añadirse a recetas completamente naturales, se conservan aproximadamente una semana en la nevera.

FRUTOS SECOS/SEMILLAS*	CANTIDAD	AGUA**	TIEMPO DE REMOJO
Almendras	¼ taza	1¼ taza	6+ horas
Anacardos	¼ taza	1¼ taza	2+ horas
Avellanas	¼ taza	1¼ taza	6+ horas
Semillas de cáñamo	¼ taza	1¼ taza	1+ horas
Nueces de macadamia	¼ taza	1½ taza	4+ horas
Semillas de sésamo	¼ taza	1 taza	1+ horas
Semillas de girasol	⅓ taza	1½ taza	2+ horas

* Utilizar nueces y semillas naturales para obtener mejor sabor y potenciar la salud.
** Agua utilizada para batir los ingredientes (no para ponerlos en remojo).

PRIMER MÉTODO (MÁS LENTO, MEJOR PRODUCTO)

Poner en remojo los frutos secos y semillas en abundante agua (la cantidad de agua no es importante, siempre que cubra los ingredientes) y luego aclararlos. Remojar es importante porque facilita el batido y da como resultado una leche más suave. Utilizar una batidora para mezclar los ingredientes previamente remojados con el agua medida (ver la tabla) hasta obtener una textura cremosa y suave. Esto puede tardar veinte segundos o varios minutos, dependiendo de la potencia de tu batidora. Utilizar un tamiz fino o un paño del tipo que se usa en las queserías (o una bolsa para leches de frutos secos, si la tienes en casa) para eliminar todo tipo de partículas.

SEGUNDO MÉTODO (MÁS RÁPIDO, PRODUCTO MENOS ESPESO)

Omitir la fase de remojar los ingredientes y mezclar los frutos secos o las semillas naturales con el agua indicada para la receta. Si se desea una consistencia más suave, se debe filtrar el líquido usando un tamiz fino, un paño de los que se emplean para preparar quesos, o una bolsa para leches de frutos secos.

VARIACIONES DE LECHES DE FRUTOS SECOS

Para cremas: reducir el agua a la mitad. Y a la inversa, utilizar más cantidad de agua para obtener una leche «desnatada».

Para leches dulces: añadir uno o dos dátiles sin hueso o un poco de estevia.

Para leches saborizadas: añadir especias (como canela), polvos (como el de cacao) o extractos (como el de vainilla).

HOJA DE REFERENCIA PARA SUSTITUIR SUPERALIMENTOS

A cualquiera le puede pasar: quedarse sin ingredientes, no conseguir encontrar un producto determinado o que el hecho de ir a la tienda en busca de algún ingrediente nos parezca demasiado esfuerzo. Afortunadamente, muchos ingredientes naturales (aunque no todos) se pueden sustituir con facilidad. Los resultados pueden variar de acuerdo con la receta, aunque en la mayoría de los casos esos reemplazos sobre la marcha resultan efectivos. Como observarás, muchos de los productos utilizados como sustitutos no son superalimentos.

SUPERALIMENTO		SUSTITUTO
Acai en polvo	=	Bayas de naqui en polvo
Cacao en polvo	=	Cacao tostado en polvo
Camu en polvo	=	Omitir en la receta
Chlorella/Espirulina	=	Hierba de trigo en polvo*
Dátiles	=	Uvas pasas
Semillas o polvo de lino	=	Semillas o polvo de chía
Semillas de cáñamo	=	Semillas de girasol
Col rizada	=	Acelgas
Moras (secas)	=	Uvas pasas
Zumo de granada	=	Zumo de arándanos rojos
Frambuesas	=	Zarzamoras
Fresas	=	Arándanos
Berros	=	Rúcula

*También puede utilizarse un concentrado en polvo de múltiples hortalizas verdes de buena calidad.

GRÁFICO DE CONVERSIÓN

INGREDIENTES NO LÍQUIDOS (peso en gramos de ingredientes comunes)

INGREDIENTE	1 TAZA	¾ TAZA	⅔ TAZA	½ TAZA	⅓ TAZA	¼ TAZA	2 CUCH.
Semillas de chía	163 g	122 g	108 g	81 g	54 g	41 g	20 g
Frutas y hortalizas picadas	150 g	110 g	100 g	75 g	50 g	40 g	20 g
Dátiles picados	151 g	117 g	100 g	75 g	50 g	39 g	19 g
Bayas de goji	111 g	83 g	74 g	55 g	37 g	28 g	14 g
Frutos secos picados	150 g	110 g	100 g	75 g	50 g	40 g	20 g
Frutos secos molidos	120 g	90 g	80 g	60 g	40 g	30 g	15 g

Nota: los ingredientes que no son líquidos indicados en las recetas americanas por volumen (cuando superan aproximadamente las dos cucharadas o los 30 ml) pueden convertirse a peso utilizando esta tabla. Si necesitas convertir un producto que no está en la tabla, lo más seguro es medirlo con una jarra para medir ingredientes y luego pesar el contenido en una balanza. Si tienes prisa, puedes utilizar la tabla de conversiones de volumen que presento a continuación.

CONVERSIONES DE VOLUMEN (para líquidos)

CANTIDAD HABITUAL	EQUIVALENTE MÉTRICA
1 cucharadita	5 ml
1 cucharada	15 ml
¼ de taza	60 ml
⅓ de taza	80 ml
½ taza	120 ml
⅔ de taza	160 ml
1 taza	250 ml
1 ½ taza	350 ml
2 tazas	475 ml
3 tazas	700 ml

GUÍA DE RECURSOS

INGREDIENTES

NAVITAS NATURALS

Especializada en superalimentos biológicos y otros productos.

Aquí puedes encontrar: acai en polvo, cacao en polvo y descascarillado, azúcar de coco, camu en polvo, semillas y polvo de chía, bayas de goji secas, moras blancas secas, lino en polvo, semillas de cáñamo, lúcuma en polvo, maca en polvo, bayas de maqui en polvo, anacardos naturales y hierba de trigo en polvo.

Visita: NavitasNaturals.com

GENESIS TODAY

Ofrece zumos de superalimentos, polvos de hortalizas verdes y otros productos de superalimentos.

Aquí puedes encontrar: zumo de espino cerval de mar y GenEssentials Greens* (una mezcla de hortalizas verdes en polvo).

Visita: Genesistoday.com

HERBS, ETC.

Ofrece una gran variedad de productos vegetales.

Aquí puedes encontrar: gotas de clorofila Chloroxigen*.

Visita: Herbsetc.com

Indica el nombre de la marca del ingrediente

MANITOBA HARVEST

Especializada en aceites y productos derivados del cáñamo, incluido el polvo de proteínas de cáñamo.

Aquí puedes encontrar: Hemp Pro 70* (polvo de proteínas de cáñamo soluble en agua, que funciona increíblemente bien en los batidos).

Visita: Manitobaharvest.com

MOUNTAIN ROSE HERBS

Un sitio para comprar hierbas biológicas, especias y aceites esenciales a granel.

Aquí puedes encontrar: una gran variedad de hierbas y especias de uso culinario y medicinal.

Visita: Mountainroseherbs.com

NUNATURALS

Ofrece productos derivados de la estevia.

Aquí puedes encontrar: estevia líquida, en polvo e incluso saborizada.

Visita: Nunaturals.com

SAMBAZON

Ofrece acai.

Aquí puedes encontrar: paquetes de acai congelado.

Visita: Sambazon.com

VEGA

Ofrece chlorella en polvo y otros suplementos alimenticios.

Aquí puedes encontrar: chlorella en polvo y maca en polvo.

Visita: Myvega.com

UTENSILIOS DE COCINA

CUISINEART

Aquí puedes encontrar: batidoras de gama media de buena calidad.

Visita: Cuisineart.com

GLASS DHARMA

Aquí puedes encontrar: pajitas de vidrio reutilizables.

Visita: Glassdharma.com

OXO

Aquí puedes encontrar: cubiteras con tapa.

Visita: Oxo.com

TOVOLO

Aquí puedes encontrar: cubiteras de silicona sin BPA.

Visita: Tovolo.com

VITAMIX

Aquí puedes encontrar: batidoras de alta potencia.

Visita: Vitamix.com

REFERENCIAS

Ad Hoc Panel of the Advisory Committee on Technology Innovation, Board on Science and Technology for International Development, National Research Council. *Lost Crops of the Incas: Little-Known Plants of the Andes with Promise for Worldwide Cultivation*. Washington D.C.: The National Academies Press, 1989.

Bartimeus, Paula, Charolette Haigh, Sarah Merson, Sarah Owen y Janet Wright. *Natural Wonderfoods*. London, UK: Duncan Baird Publishers, 2011.

Basu A, y Penugonda K. «Pomegranate Juice: A Heart-Healthy Fruit Juice». Department of Nutritional Sciences, enero de 2009, www.ncbi.nlm.nih.gov/pubmed/19146506.

Best, Ben. «Phytochemicals as Nutraceuticals». *Science News,* www.benbest.com/nutrceut/phytochemicals.html#anthocyanins.

Bittman, Mark. *Leafy Greens*. New York, NY: Macmillan, 1995.

Clum, Lauren y Mariza Snyder. *The Antioxidant Counter*. Berkley, CA: Ulysses Press, 2011.

Coates, Wayne, *Chia: The Complete Guide to the Ultimate Superfood*. New York, NY: Sterling, 2012.

Ley, Beth M., *Maca: Adaptogen and Hormonal Regulator*. Detroit Lakes, MN: BL Publications, 2003.

McGee, Harold. *On Food and Cooking: The Science and Lore of the Kitchen*. New York, NY: Scribner, 2004.

Raloff, Janet. «Chocolate as Sunscreen». *Science News*, www.sciencenews.org/view/generic/id/7437/title/Food_for_Thought__Chocolate_as_Sunscreen.

Raloff, Janet. «Prescription Strength Chocolate, Revisited». *Science News*, www.sciencenews.org/view/generic/id/7075/title/Prescription_Strength_Chocolate%2C_Revisited.

«Vitamin C and Skin Health». Linus Pauling Institute at Oregon State University, www.lpi.oregonstate.edu/infocenter/skin/vitaminC/index.html.

Wolfe, David. *Superfoods: The Food and Medicine of the Future*. Berkley, CA: North Atalantic Books, 2009.

AGRADECIMIENTOS

Cualquiera puede preparar un batido, pero se requiere un esfuerzo conjunto para escribir un libro sobre batidos. Agradezco humildemente la gran ayuda de las siguientes personas, que han puesto su energía al servicio de este proyecto con una gran generosidad:

Quiero dar las gracias a Brendan por ofrecerme su constante amor y apoyo, por probar con entusiasmo mis batidos una y otra vez y también por compartir su historia, que ha inspirado y seguirá inspirando a mucha gente, en el prefacio.

Quiero agradecer a mi familia, mamá, papá y Nama, sus constantes y sinceros «tú puedes hacerlo». He aprovechado todos y cada uno de ellos.

Gracias a todos los que trabajan en Sterling por darle a este libro un tratamiento tan especial: a Sasha Tropp, por su competente atención y sus correcciones literarias; a Jennifer Williams, por su entusiasmo al supervisar la publicación; a Christine Heun, por su maravilloso diseño y maquetación; a Elizabeth Mihaltse, por su inspiración al crear la tapa del libro, y a Kim Marini, por cuidar de este proyecto en cada etapa del camino.

Quiero agradecer también a Marilyn Allen por conseguir que todo este viaje fuera fructífero.

Gracias a Caroline Pulvino y Judy Alexander por su sensibilidad artística para crear los mejores pequeños iconos para indicar los beneficios de los batidos.

Mi enorme agradecimiento al talentoso Oliver Barth por sus mágicas fotografías, que capturan la energía y la pasión de un estilo de vida natural.

Gracias a mi maravilloso grupo de amigos con quienes compartí charlas sobre batidos llenas de humor y por sus valiosos comentarios sobre mis recetas.

Y por último, gracias a todo el equipo de Navitas Naturals por haberme apoyado en todo momento, y no solo con sus increíbles superalimentos. Me siento feliz por haber tenido la oportunidad de trabajar con una empresa cuyos empleados y productos merecen mi más profundo respeto.

Os quiero,
JULIE

ÍNDICE DE BATIDOS POR ORDEN DE BENEFICIOS

El idioma de los batidos puede ser el sabor, pero los innumerables beneficios subyacentes nos cuentan la historia completa. Utiliza este índice para encontrar rápidamente los batidos que responden específicamente a las necesidades de tu estilo de vida.

BELLEZA

Estos batidos contienen ingredientes que poseen cantidades notables de «hermosos nutrientes», como la vitamina C (con propiedades antiinflamatorias y es esencial para sintetizar el colágeno), ácidos grasos esenciales y antocianinas antioxidantes que protegen la piel.

Acai	205	Coco	198	Lúcuma y coco	184
Acai (con remolachas)	173	Coco tostado y macadamia	169	Lúcuma y lima	117
Acai y almendras	185	Coco y goji	95	Lúcuma y macadamia	139
Acai y calabaza	82	Crema de cacao	166	Mango y coco	116
Almendras dulces	118	Espino cerval de mar e higos	100	Mango y jengibre	204
Arándanos y goji	91			Mango y pimiento picante	107
Arándanos y maqui	141	Espino cerval de mar y mango	148	Manzana y rúcula	115
Bayas de maqui y melocotón	85	Espino cerval de mar y zanahoria	87	Maqui y plátano	159
Cacao y moca	167			Maqui y uvas	183
Chai	201	Frambuesas y almendras	154	Masa de galletas	151
Chocolate	191	Frambuesas y piña	177	Melón cantalupo y melocotón	101
Chocolate (con coliflor)	181	Fresas	190	Melón rocío de miel y maqui	79
Chocolate maya	142	Fresas y kombucha	90		
Chocolate y avellanas	163	Fresas y pepino	104	Menta y espinacas	123
Chocolate y col rizada	121	Granada y cerezas	192	Mezcla de bayas	193
		Jengibre y pera	111	Moras y ciruela	99
Chocolate y menta	197	Lima	189	Moras y lavanda	162
Cítricos y aloe	136	Limón y lima	127	Naranja cremosa	157

Naranja y goji	83	Plátano y nuez		Tahini y moras	161
Pastel de calabaza	143	moscada	182	Tarta de terciopelo	
Pepino y menta	113	Pomelo y granada	103	rojo	175
Piña y berros	119	Ponche de frutas	199	Té verde y pera	120
Plátano e hinojo	137	Proteínas verdes	125	Tropical	203
Plátano y avena	147	Romero y naranja	131	Vainilla y almendras	207
Plátano y bayas	194	Sandía y acai	84	Zanahoria cremosa	146
		Sandía y pepino	135	Zarzamora y vainilla	165

HUESOS FUERTES

Disfruta de estos batidos que contienen superalimentos ricos en calcio.

Almendras dulces	118	Fresas y manzanilla	81	Sandía y acai	84
Arándanos y goji	91	Jengibre y pera	111	Sandía y pepino	135
Cerezas y vainilla	176	Limón y lima	127	Sésamo y cáñamo	195
Chai	201	Mango y coco	116	Sésamo y manzana	128
Chocolate y avellanas	163	Mango y jengibre	204	Tahini y moras	161
Chocolate y col		Manzana (con		Tarta de terciopelo	
rizada	121	brócoli)	187	rojo	175
Crema de cacao	166	Moras y lavanda	162	Té verde y goji	155
Espino cerval de mar		Pepino y menta	113	Té verde y pera	120
e higos	100	Plátano caramelizado	153	Tropical	203
Frambuesas y		Plátano y avena	147	Vainilla y almendras	207
melocotón	93	Proteínas verdes	125	Zanahoria y	
Fresas	190	Romero y naranja	131	cardamomo	105

LIMPIEZA Y DESINTOXICACIÓN

*Batidos particularmente útiles para limpiar el organismo
de toxinas y elevar la alcalinidad.*

Acai	205	Chocolate y col		Frambuesa y pimiento	
Almendras dulces	118	rizada	121	jalapeño	134
Cerezas y vainilla	176	Chocolate y menta	197	Fresas y kombucha	90
Chai	201	Cítricos y aloe	136	Fresas y manzanilla	81

Fresas y pepino	104	Manzana y rúcula	115	Romero y naranja	131
Guisantes dulces	129	Menta y espinacas	123	Sandía y pepino	135
Jengibre y pera	111	Pepino y menta	113	Sésamo y cáñamo	195
Lima	189	Piña y berros	119	Sésamo y manzana	128
Limón y lima	127	Plátano e hinojo	137	Té verde y pera	120
Lúcuma y lima	117	Plátano y lechuga			
Mango y coco	116	romana	109		
Manzana (con		Ponche de frutas	199		
brócoli)	187	Proteínas verdes	125		

CORAZÓN SANO

*Estos batidos se preparan con superalimentos que han demostrado ser
beneficiosos para la salud cardiovascular en ensayos clínicos.*

Acai	205	Frambuesas y		Maqui y plátano	159
Acai (con remolacha)	173	melocotón	93	Maqui y uvas	183
Acai y almendras	185	Frambuesas y piña	177	Masa de galletas	151
Almendras dulces	118	Fresas	190	Melocotón y nata	97
Arándanos y maqui	141	Fresas y kombucha	90	Melón rocío de miel y	
Arándanos rojos y		Granada y cerezas	192	maqui	79
naranja	94	Granada y naranja	89	Menta y espinacas	123
Cacao y moca	167	Guisantes dulces	129	Mezcla de bayas	193
Chai	201	Jengibre y pera	111	Moras y ciruelas	99
Chocolate maya	142	Lima	189	Moras y lavanda	162
Chocolate y col		Limón y lima	127	Naranja cremosa	157
rizada	121	Lúcuma y coco	184	Pastel de calabaza	143
Chocolate y menta	197	Lúcuma y		Pepino y menta	113
Cítricos y aloe	136	macadamia	139	Piña y berros	119
Coco y especias	171	Maca y avena	160	Pistachos y cerezas	145
Coco y goji	95	Mango y coco	116	Plátano caramelizado	153
Crema de cacao	166	Mango y jengibre	204	Plátano y bayas	194
Espino cerval de mar y		Mango y pimiento		Plátano y nuez	
mango	148	picante	107	moscada	182
Frambuesas y		Manzana (con		Pomelo y granada	103
almendras	154	brócoli)	187	Ponche de frutas	199
		Manzana y rúcula	115	Proteínas verdes	125

Romero y naranja	131	Tahini y moras	161	Vainilla y almendras	207
Ruibarbo y menta	96	Tarta de terciopelo		Zanahoria cremosa	146
Sandía y acai	84	rojo	175	Zanahoria y	
Sandía y pepino	135	Té verde y goji	155	cardamomo	105
Sésamo y cáñamo	195	Té verde y pera	120		
Sésamo y manzana	128	Tropical	203		

SISTEMA INMUNITARIO

Estos batidos son una fuente importante de nutrientes que ayudan a combatir las enfermedades, como la vitamina C y el zinc, también contienen superalimentos conocidos por sus propiedades antivirales, antibacterianas y antifúngicas.

Arándanos y goji	91	Lima	189	Piña y maca	149
Arándanos rojos y		Limón y lima	127	Piña y papaya	88
naranja	94	Mango y jengibre	204	Pistachos y cerezas	145
Chocolate y menta	197	Mango y pimiento		Plátano y bayas	194
Coco y goji	95	picante	107	Pomelo y granada	103
Espino cerval de mar e		Manzana (con		Romero y naranja	131
higos	100	brócoli)	187	Ruibarbo y menta	96
Espino cerval de mar y		Melocotón y nata	97	Té verde y goji	155
mango	148	Melón cantalupo y		Tropical	203
Frambuesas y piña	177	melocotón	101	Vainilla y almendras	207
Fresas	190	Mezcla de bayas	193	Zanahoria y	
Fresas y albahaca	179	Naranja cremosa	157	cardamomo	105
Granada y naranja	89	Naranja y goji	83		
Guisantes dulces	129	Piña y berros	119		

BAJO EN CALORÍAS

Estos batidos contienen aproximadamente 225 calorías por ración, ¡o incluso menos!

Acai (con		Arándanos y goji	91	Cítricos y aloe	136
remolachas)	173	Arándanos y maqui	141	Fresas y kombucha	90
Acai y calabaza	82	Bayas de maqui y		Fresas y manzanilla	81
Almendras dulces	118	melocotón	85	Fresas y pepino	104

SUPERFOOD SMOOTHIES (Batidos de superalimentos)

Granada y naranja	89	Melón cantalupo y		Sandía y acai	84
Limón y lima	127	melocotón	101	Sandía y pepino	135
Maca y avena	160	Moras y ciruelas	99	Tarta de terciopelo	
Manzana (con		Pepino y menta	113	rojo	175
brócoli)	187	Pistachos y cerezas	145	Té verde y goji	155
Manzana y rúcula	115	Plátano y lechuga		Té verde y pera	120
Melón rocío de miel y		romana	109		
maqui	79	Pomelo y granada	103		

PROTEÍNAS
Batidos con 10 gramos (o más) de proteínas por ración.

Chocolate	191	Plátano y avena	147	Sésamo y cáñamo	195
Guisantes dulces	129	Proteínas verdes	125	Vainilla y almendras	207
Naranja cremosa	157	Ruibarbo y menta	96	Zanahoria cremosa	146

ÍNDICE TEMÁTICO

A

ACAI 205
  Acai 205
  Acai (con remolacha) 173
  Acai y almendras 185
  Acai y calabaza 82
  Frambuesas y almendras 154
  Granada y cerezas 192
  Moras y ciruelas 99
  Para potenciar la actividad cerebral 212
  Ponche de frutas 199
  Sandía y acai 84
ACAI (CON REMOLACHA) 173
ACAI Y ALMENDRAS 185
ACAI Y CALABAZA 82
ACANALADOR DE CÍTRICOS 67
AFRUTADOS Y LIGEROS
  Acai y calabaza 82
  Arándanos rojos y naranja 94
  Arándanos y goji 91
  Bayas de maqui y melocotón 85
  Coco y bayas de goji 95
  Espino cerval de mar e higos 100
  Espino cerval de mar y zanahoria 87
  Frambuesa y melocotón 93
  Fresas y kombucha 90
  Fresas y manzanilla 81
  Fresas y pepino 104
  Granada y naranja 89
  Mango y pimiento picante 107
  Melocotón y nata 97
  Melón cantalupo y melocotón 101
  Melón Rocío de miel y maqui 79
  Moras y ciruelas 99
  Naranja y goji 83
  Piña y papaya 88
  Pomelo y granada 103
  Ruibarbo y menta 96
  Sandía y acai 84

Zanahoria y cardamomo 105
AGENTES SABORIZANTES 27
ALBAHACA
  Fresas y albahaca 179
  Sandía y pepino 135
ALGAS, ACERCA DE 39
ALMACENAR LOS INGREDIENTES 57
ALMENDRAS DULCES 118
ALOE VERA, EN CÍTRICOS Y ALOE VERA 136
ANTIENVEJECIMIENTO 214
ANTIOXIDANTES ANTI-ENVEJECIMIENTO 147, 169, 190
ARÁNDANOS. Ver FRUTAS DEL BOSQUE
ARÁNDANOS ROJOS Y NARANJA 94
ARÁNDANOS Y GOJI 91
ARÁNDANOS Y MAQUI 141
ASAR LAS REMOLACHAS 174
AUMENTAR LA ENERGÍA 209
AVENA
  Maca y avena 160
  Plátano y avena 147

B

BASES Y ESPESANTES 25
BATIDO PARA PERROS 132
BATIDOS AFRUTADOS Y LIGEROS
  Acai y calabaza 82
BATIDOS FRENTE A ZUMOS 32
BATIDOS Y MASCOTAS 133
BAYAS DE MAQUI Y MELOCOTÓN 85

C

CACAO Y MOCA 167
CEREZAS Y VAINILLA 176
CHOCOLATE 191
CHOCOLATE (CON COLIFLOR) 181
CHOCOLATE MAYA 142
CHOCOLATE Y AVELLANAS 163
CHOCOLATE Y COL RIZADA 121
CHOCOLATE Y MENTA 197
«CHUPITOS» DE SUPERALIMENTOS
  Antienvejecimiento 214
  Para aumentar la energía

209
  Para combatir los resfriados y la gripe 210
  Para desintoxicarse 211
  Para potenciar la actividad cerebral 212
  Para recuperarse del estrés 213
CÍTRICOS Y ALOE VERA 136
COCO 198
COCO TOSTADO Y NUECES DE MACADAMIA 169
COCO Y BAYAS DE GOJI 95
COCO Y ESPECIAS 171
COLOR 215
COMBATIR LOS RESFRIADOS Y LA GRIPE 210
CONSEJOS 77
CREMA DE CACAO 166

D

DE INCÓGNITO
  Acai (con remolacha) 173
  Acai y almendras 185
  Cerezas y vainilla 176
  Chocolate (con coliflor) 181
  Coco y especias 171
  Frambuesa y piña 177
  Fresas y albahaca 179
  Lúcuma y coco 184
  Manzana (con brócoli) 187
  Maqui y uvas 183
  Plátano y nuez moscada 182
  Tarta de terciopelo rojo 175
DESINTOXICARSE 211

E

ENDULZANTES 28
ESPECIALES
  Acai 205
  Chocolate 191
  Chocolate y menta 197
  Coco 198
  Fresa 190
  Granada y cerezas 192
  Lima 189
  Mango y jengibre 204

Mezcla de bayas 193
Plátano y bayas 194
Ponche de frutas 199
Sésamo y cáñamo 195
Té chai 201
Tropical 203
Vainilla y almendras 207
ESPINO CERVAL DE MAR E HIGOS 100
ESPINO CERVAL DE MAR Y MANGO 148
ESPINO CERVAL DE MAR Y ZANAHORIA 87

F

FRAMBUESAS Y ALMENDRAS 154
FRAMBUESA Y JALAPEÑO 134
FRAMBUESA Y MELOCOTÓN 93
FRAMBUESA Y PIÑA 177
FRESA 190
FRESAS Y ALBAHACA 179
FRESAS Y KOMBUCHA 90
FRESAS Y MANZANILLA 81
FRESAS Y PEPINO 104
FRUTAS DEL BOSQUE 57

G

GRÁFICO DE CONVERSIÓN 223
GRANADA Y CEREZAS 192
GRANADA Y NARANJA 89
GUARDAR LOS BATIDOS 216
GUISANTES DULCES 129

H

HIELO 25
HIELO SABORIZADO 30

I

INGREDIENTES
  CREMOSOS 23
  EN REMOJO 64
  QUE NO DEBES UTILIZAR 31

J

JENGIBRE Y PERA 111

L

LECHES DE SEMILLAS Y FRUTOS
  SECOS 220
LIMA 189
LIMÓN Y LIMA 127
LÍQUIDOS 25
LÚCUMA Y COCO 184
LÚCUMA Y LIMA 117
LÚCUMA Y MACADAMIA 139

M

MACA Y AVENA 160
MANGO Y COCO 116
MANGO Y JENGIBRE 204
MANGO Y PIMIENTO PICANTE 107
MANZANA (CON BRÓCOLI) 187
MANZANA Y RÚCULA 115
MAQUI Y PLÁTANO 159
MAQUI Y UVAS 183
MASA PARA GALLETAS 151
MELOCOTÓN Y NATA 97
MELÓN CANTALUPO Y MELOCOTÓN 101
MELÓN ROCÍO DE MIEL Y MAQUI 79
MENTA Y ESPINACAS 123
MEZCLA DE BAYAS 193
MEZCLA ESPECIAL DE FRITZ 132
MORAS Y CIRUELAS 99
MORAS Y LAVANDA 162

N

NARANJA CREMOSA 157
NARANJA Y GOJI 83

P

PASTEL DE CALABAZA 143
PEPINO Y MENTA 113
PESO SANO 72
PIÑA Y BERROS 119
PIÑA Y MACA 149
PIÑA Y PAPAYA 88
PISTACHOS Y CEREZAS 145
PLÁTANO CARAMELIZADO 153
PLÁTANO E HINOJO 137
PLÁTANOS CONGELADOS 83
PLÁTANO Y AVENA 147
PLÁTANO Y BAYAS 194
PLÁTANO Y LECHUGA ROMANA 109
PLÁTANO Y NUEZ MOSCADA 182

POMELO Y GRANADA 103
PONCHE DE FRUTAS 199
POTENCIAR LA ACTIVIDAD CEREBRAL 212
PROTEÍNAS VERDES 125

R

RECOMPENSAS NUTRICIONALES 68
RECUPERARSE DEL ESTRÉS 213
REDUCIR COSTES 62
RICOS Y CREMOSOS
  Arándanos y maqui 141
  Cacao y moca 167
  Chocolate maya 142
  Chocolate y avellanas 163
  Coco tostado y nueces de
    macadamia 169
  Crema de cacao 166
  Espino cerval de mar y mango 148
  Frambuesas y almendras 154
  Lúcuma y macadamia 139
  Maca y avena 160
  Maqui y plátano 159
  Masa para galletas 151
  Moras y lavanda 162
  Naranja cremosa 157
  Pastel de calabaza 143
  Piña y maca 149
  Pistachos y cerrezas 145
  Plátano caramelizado 153
  Plátano y avena 147
  Tahini y moras 161
  Té verde y goji 155
  Zanahoria cremosa 146
  Zarzamora y vainilla 165
ROMERO Y NARANJA 131
RUIBARBO Y MENTA 96

S

SABOR 215
SABORES 27
SANDÍA Y ACAI 84
SANDÍA Y PEPINO 135
SÉSAMO Y CÁÑAMO 195
SÉSAMO Y MANZANA 128
SUPER 15
  Algas 39
  Bayas de acai 38
  Bayas de camu 42
  Bayas de goyi 48

Bayas de maqui 54
Cacao 40
Espino cerval de mar 60
Granada 59
Maca 52
Moras 55
Semillas de cáñamo 50
Semillas de chía 43
Semillas de lino 47
Súper alimentos ricos en
    clorofila 45
SUSTITUIR SUPERALIMENTOS 222

T

TAHINI Y MORAS 161
TARTA DE TERCIOPELO ROJO 175
TÉ CHAI 201
TÉ VERDE Y GOJI 155
TÉ VERDE Y PERA 120

TEXTURA 215
TROPICAL 203

U

UTENSILIOS 65

V

VAINILLA Y ALMENDRAS 207
VERDES Y VIBRANTES
    Almendras dulces 118
    Batido para perros 132
    Chocolate y col rizada 121
    Cítricos y aloe vera 136
    Frambuesa y jalapeño 134
    Guisantes dulces 129
    Jengibre y pera 111
    Limón y lima 127
    Lúcuma y lima 117
    Mango y coco 116

Manzana y rúcula 115
Menta y espinacas 123
Pepino y menta 113
Piña y berros 119
Plátano e hinojo 137
Plátano y lechuga romana
    109
Proteínas verdes 125
Romero y naranja 131
Sandía y pepino 135
Sésamo y manzana 128
Té verde y pera 120
VERDURAS CONGELADAS 26

Z

ZANAHORIA CREMOSA 146
ZANAHORIA Y CARDAMOMO 105
ZARZAMORA Y VAINILLA 165

ÍNDICE

Prólogo 7

Introducción 11

PRIMERA PARTE. RESPLANDECIENTE
GRACIAS A LOS BATIDOS 15

BATIDOS: LA FORMA PERFECTA DE
FUNCIONAR 16

    Principios de los batidos
    de superalimentos................... 17

CONCEPTOS BÁSICOS DE
LOS BATIDOS.............................. 24

    Cómo crear el mejor batido....... 24

    Batidos frente a zumos............. 32

    Cómo preparar tu batido 33

PRINCIPIOS ESENCIALES DE LOS
BATIDOS DE SUPERALIMENTOS 36

    Los «súper-15» 37

    La aventura de los
    superalimentos...................... 61

    Técnicas para reducir costes 62

    Utensilios 65

LAS RECOMPENSAS NUTRICIONALES
DE LOS BATIDOS........................... 68

    Beneficios incorporados 68

    Beneficios adicionales.............. 70

SEGUNDA PARTE. LOS BATIDOS 75

¿QUÉ CANTIDAD DE BATIDO
DEBO BEBER? 76

    Afrutados y ligeros 78

    Batidos verdes y vibrantes 108

    Batidos ricos y cremosos 138

    Batidos de incógnito 170

    Batidos especiales.................. 188

    "Chupitos" de superalimentos 208

¿QUÉ LE HA PASADO A MI
BATIDO?.................................... 215

    Cómo guardar los batidos........ 216

TERCERA PARTE. EXTRAS.................. 219

    Cómo preparar leches de
    semillas y frutos secos 220

    Hoja de referencia para
    sustituir superalimentos.................. 222

    Gráfico de conversión 223

    Guía de recursos......................... 224

    Referencias 226

    Agradecimientos 227

    Índice de batidos por
    orden de beneficios 228

    Índice temático 233